métro 3

Vert

Rosi McNab

Heinemann

Heinemann Educational Publishers, Halley Court, Jordan Hill, Oxford OX2 8EJ
A division of Reed Educational & Professional Publishing Limited

Heinemann is a registered trademark of Reed Educational & Professional Publishing Limited

OXFORD MELBOURNE AUCKLAND IBADAN
BLANTYRE JOHANNESBURG GABORONE
PORTSMOUTH (NH) USA CHICAGO

© Rosi McNab 2001

First published 2001

06 05 04 03 02 01
10 9 8 7 6 5 4 3 2

A catalogue record is available for this book from the British Library on request.

ISBN 0 435 37133 9

Produced by Ken Vail Graphic Design
Original illustrations © Heinemann Educational Publishers 2001

Illustrations by Arlene Adams, Graham-Cameron Illustration (Bridget Dowty), Sylvie Poggio Artists Agency (Tim Davies, Belinda Evans, Rosalind Hudson, Simon Jacob)

Cover design by Miller, Craig and Cocking

Cover photograph by Telegraph

Printed and bound by Mateu Cromo in Spain

Acknowledgements

The author would like to thank Gaëlle Amiot-Cadey, Rachel Aucott, Nathalie Barrabé, Jocelyne Camus and all the pupils at the Collège Louise Michel, Alençon, François Casays, Jackie Coe, Julie Green, Monique and Michel Landriau and all the pupils at the Lycée Marguerite de Navarre, Alençon, Arlette Marcy, Carolyn Parsons, Sarah Provan, Christine Ross, Jocelyn Stockley, Geraldine Sweeney, Kathryn Tate and the students of the Association Cours D'Art Dramatique, Rouen, for their help in the making of this course.

Teacher Consultants: Jonathan Fawcett of Heanor Gate School, Heanor, Derbyshire.

The author and publishers would like to thank the following for permission to reproduce copyright material: **Okapi** (Bayard Presse) 2000 p.92, **Jacques Charpentreau** p.120 ('La Ville enchantée').

Photographs were provided by **Disneyland Paris** p.7, **World Pictures** p.7 (Futuroscope), **Joe Cornish** p.7 (Château de Sully-sur-Loire), **Yann Arthus-Bertrand/Corbis** p.7 (aerial view of Paris), **The Travel Library** p.7 (Eiffel tower), **The Travel Library/R. Richardson** p.7 (Boat on River Seine), **The Travel Library/Philip Enticknap** p.10 (square and fountain at Bergerac), **Adam Woolfitt/Corbis** p.10 (town of Bergerac), **Chris Lisle/Corbis** p.10 (street cafés), **Michael Lewis/Corbis** p.12 (an aquapark), **Gwenaël Larpentriau** p.20 (Tahiti), **Québec Tourist Office** p.42 (Québec), **La Vallée des Singes** p.54 (monkeys), **Mike & Lisa Husar/Woodfall Wild Images** p.54 (bald eagle), **Parc des Petites Minaudières** p.54 (pedal boats and lakeside), **World Pictures** p.54 (Futuroscope), **Benoît Lamort/L'île aux Serpents** p.54 (snake *Natrix maura*), **WEA Records** p.95 (Madonna), **Rufus F. Folks/Corbis** p.95 (Hugh Grant), **AFP** p.95 (Victoria Adams and David Beckham). All other photos are provided by **Keith Gibson** and Heinemann Educational Publishers.

Every effort has been made to contact copyright holders of material reproduced in this book. Any omissions will be rectified in subsequent printings if notice is given to the publishers.

Tel: 01865 888058 www.heinemann.co.uk

métro 3

Rosi McNab

Heinemann

trois 3

Table des matières

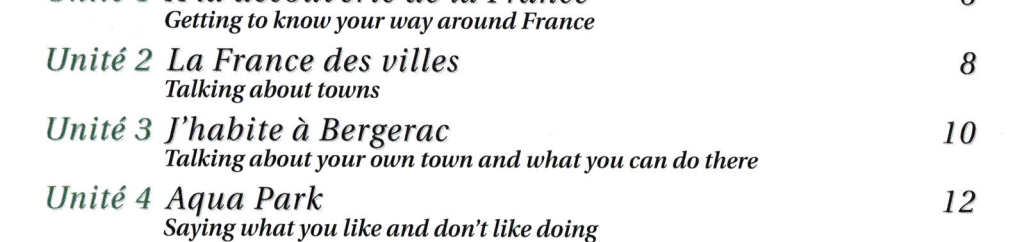

MODULE 1 — L'HEXAGONE

Unité 1 À la découverte de la France Getting to know your way around France	6
Unité 2 La France des villes Talking about towns	8
Unité 3 J'habite à Bergerac Talking about your own town and what you can do there	10
Unité 4 Aqua Park Saying what you like and don't like doing	12
Unité 5 Je suis allé(e) à Aqua Park et j'ai … Talking about what you have done	14
Bilan et Contrôle révision	16
Grammaire	18
En Plus La Polynésie – Ici on parle français	20
Mots	24

MODULE 2 — J'ARRIVE

Unité 1 Je te présente ma famille Talking about your family and what they do	26
Unité 2 À la maison Talking about your own home	28
Unité 3 J'ai … ? How to say what is wrong and ask for something	30
Unité 4 Est-ce que tu peux …? How to talk about jobs in the house	32
Unité 5 Mettons la table! Helping to lay the table	34
Bilan et Contrôle révision	36
Grammaire	38
En Plus La Francophonie	40
Mots	44

MODULE 3 — PROGRAMME DE LA VISITE

Unité 1 Le week-end Talking about what you are going to do on your visit to France	46
Unité 2 On va … Talking about where you are going to go	48
Unité 3 Où est la poste, s'il vous plaît? Asking where places are and how to get there	50
Unité 4 Une visite chez nous Talking about an exchange visit	52
Unité 5 En ville Going shopping	54
Bilan et Contrôle révision	56
Grammaire	58
En Plus Une excursion	60
Mots	64

quatre

MODULE 4 – LA FORME!

Unité 1 **Tu gardes la forme?** 66
Talking about keeping fit

Unité 2 **Bougez!** 68
An exercise programme; telling someone what to do

Unité 3 **Bonne cuisine, bonne mine** 70
Talking about healthy eating

Unité 4 **Dix conseils pour garder la forme** 72
Giving advice about healthy living

Unité 5 **Portrait d'un champion** 74
An interview with a sportsman

Bilan et Contrôle révision 76
Grammaire 78
En Plus **Ma journée** 80
Mots 84

MODULE 5 – LA MODE!

Unité 1 **Les vêtements** 86
Talking about what you are wearing

Unité 2 **Je voudrais ...** 88
Shopping for clothes

Unité 3 **L'argent de poche** 90
Pocket money

Unité 4 **J'ai un problème!** 92
Talking about problems

Unité 5 **Il/Elle est comment?** 94
Talking about what someone is like

Bilan et Contrôle révision 96
Grammaire 98
En Plus **Bouge ta tête** 100
Mots 104

MODULE 6 – EN PLEIN DANS L'ACTU

Unité 1 **À la une!** 106
Understanding what is happening in the news

Unité 2 **L'interview de la semaine: la jeune danseuse, Carmen Herraro** 108
Reading an interview in a magazine

Unité 3 **Un documentaire** 110
Asking questions in an interview

Unité 4 **Un sondage** 112
Reading and understanding a survey

Unité 5 **La météo** 114
Talking about the weather

Bilan et Contrôle révision 116
Grammaire 118
En Plus **Un poème et une lettre** 120
Mots 124

À toi! 126
Grammaire 138
Vocabulaire français–anglais 149
Vocabulaire anglais–français 157
Les instructions 160

MODULE 1 — L'HEXAGONE

1 À la découverte de la France

Getting to know your way around France

nord
ouest — est
sud

- la Manche
- la Belgique
- la tour Eiffel
- l'Allemagne
- la Normandie
- Paris
- le parc Disneyland
- la Seine
- la Bretagne
- le château de Chambord
- la Loire
- la Suisse
- Poitiers
- l'océan Atlantique
- le Futuroscope
- les Alpes
- l'Italie
- la Dordogne
- le Massif central
- Bordeaux
- La Côte d'Azur
- l'Espagne
- les Pyrénées
- la mer Méditerranée

1a **PARLER** À deux. Trouvez le nom de:
In pairs, find the name for:

1. trois fleuves
2. trois chaînes de montagnes
3. trois régions
4. trois pays
5. trois sites touristiques

1b **ÉCOUTER** Écoute et vérifie.
Listen and check your answers.

1c **ÉCRIRE** Écris la liste.
Write a list.

3 fleuves: la Dordogne, etc.

6 six

MODULE 1

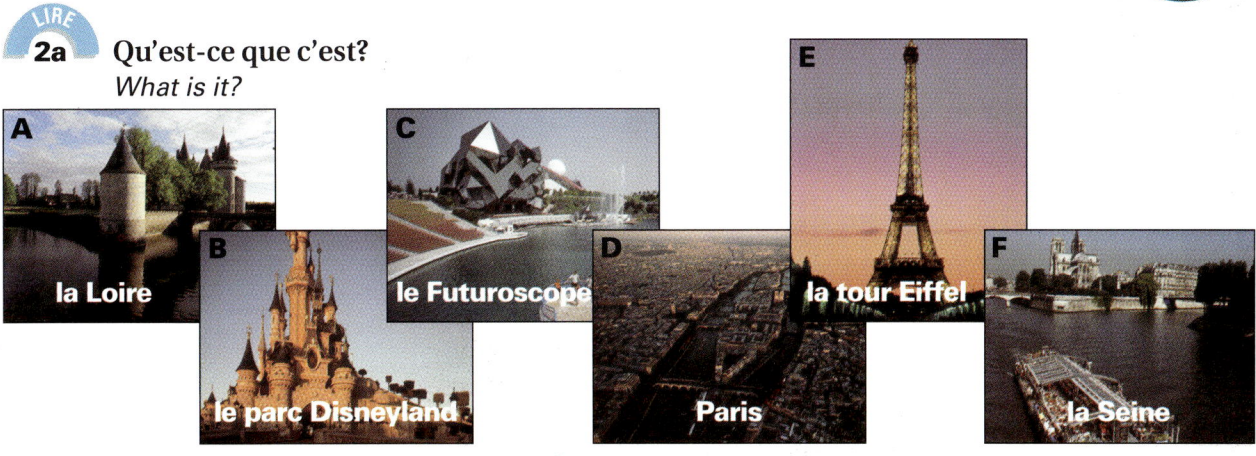

2a Qu'est-ce que c'est?
What is it?

A — la Loire
B — le parc Disneyland
C — le Futuroscope
D — Paris
E — la tour Eiffel
F — la Seine

1 C'est un énorme parc d'attractions, qui se trouve près de Paris.
2 C'est la capitale de la France.
3 C'est un monument qui se trouve à Paris.
4 C'est un long fleuve près d'un grand château.
5 C'est le fleuve qui traverse Paris.
6 C'est un parc d'attractions futuriste, qui se trouve près de Poitiers.

se trouver *to be situated*

2b Comment s'appellent-ils?
What are they called?

- Comment s'appelle le parc d'attractions près de Paris?
- (Le parc Disneyland)./Je ne sais pas.
- C'est vrai./Non, c'est faux.
- Comment s'appelle …?

Rappel
In French all nouns are masculine or feminine. There is no word for 'it'. All nouns are either **il** (he) or **elle** (she).

	Masc.	Fem.
the	le	la
a	un	une
he/she	il	elle

2c Fais la liste. Qu'est-ce que c'est? Ça se trouve où?
Make a list. What is it? Where is it?

Exemple: C'est (le parc Disneyland). C'est (un parc d'attractions), qui se trouve (près de Paris).

2d C'est quel site? (1–5)
Which tourist site is it?

3 Fais un site web de trois sites touristiques chez vous.
Make a website of three tourist sites near you.

La tour de Blackpool. (Elle) se trouve à Blackpool, dans (le nord) de l'Angleterre, près de (Manchester).

une ville/tour/cathédrale – **elle** se trouve …
un monument/parc d'attractions/musée/château – **il** se trouve …

sept 7

2 La France des villes

Talking about towns

A une ville industrielle

B une ville touristique

C une ville historique

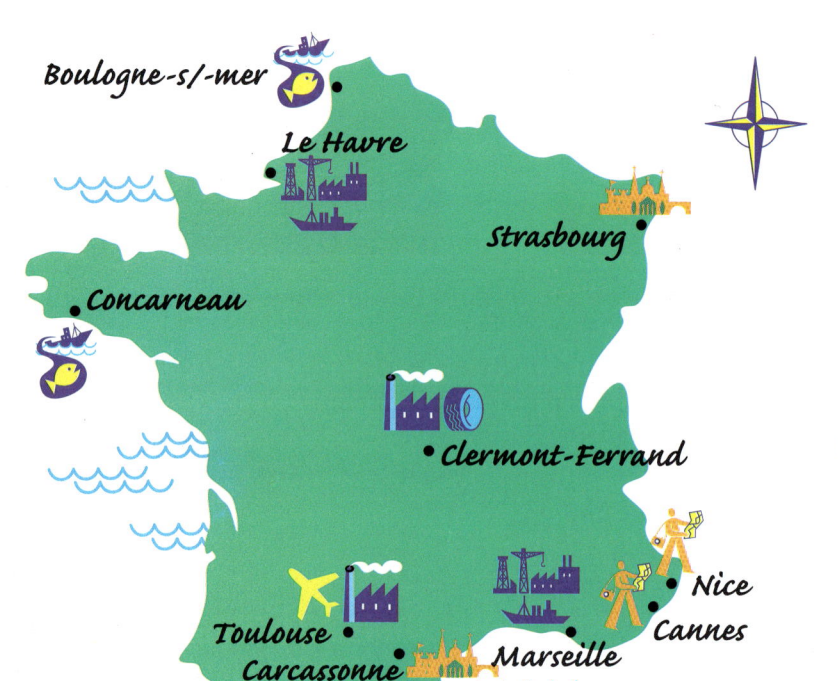

D une ville commerciale

E un port de commerce

F un port de pêche

1a Écoute et lis. *Listen and read.*

J'habite dans l'ouest de la France, en Bretagne. Je suis breton. Notre ville est très touristique. C'est un port de pêche au bord de la mer.
Sébastien

J'habite dans le sud de la France. Ma ville est une grande ville industrielle et un port de commerce. Il y a beaucoup d'industrie dans la région.
Christophe

Ma ville est dans le sud de la France. C'est une ville touristique. C'est au bord de la mer. Il y a un festival du cinéma chaque année.
Sabine

J'habite une grande ville qui se trouve dans l'est de la France. Ma région s'appelle l'Alsace, je suis alsacienne! Ma ville est très historique.
Chantal

J'habite dans le centre de la France. Ma ville est une grande ville industrielle. On fabrique des pneus pour les voitures ici.
Amandine

8 huit

MODULE 1

1b Lis. Copie et complète la grille. Devine: c'est quelle ville?
Read. Copy and fill in the grid. Work out which town it is.

nom	genre de ville	ville
Sébastien	port de pêche/touristique	...

1c Où habitent-ils? Écoute et note. (1–5)
Listen and note down where they live.

Toulouse   Nice   Carcassonne   Le Havre   Boulogne-s/-mer

2a Ils y habitent depuis quand? Lis les bulles et copie et complète la grille.
How long have they lived there? Read the speech bubbles and copy and fill in the grid.

nom	ville	nombre d'années

J'habite à Concarneau depuis huit ans.
Brice

J'habite à Marseille depuis cinq ans.
Karim

J'habite à Strasbourg depuis toujours. Je suis née ici.
Sandrine

J'habite à Cannes depuis dix ans.
Raphaël

J'habite à Clermont-Ferrand depuis un an.
Vincent

Le détective

How to say how long you have lived somewhere:
In French you use depuis (since).
Exemple: J'habite à (Lorient) depuis deux ans.
- *I have always lived here.*
  J'habite ici depuis toujours.
- *I was born here.*
  Je suis né(e) ici.

Pour en savoir plus ➡ page 142, pt 1.11

2b Ils y habitent depuis quand? (1–5) Utilise la même grille pour tes réponses.
How long have they lived there? Use the same grid for your answers.

Damien   Rachida   Tania   Marine   Jérémy

3 Et toi?
How about you?

J'habite à	(Newtown).
C'est	(une grande/petite ville/un village).
dans	le (nord/sud /centre) (de l'Angleterre/de l'Écosse/ de l'Irlande/du pays de Galles).
J'y habite	(depuis deux ans/ depuis toujours).

neuf 9

3 J'habite à Bergerac

Talking about your own town and what you can do there

1a Lis et écoute l'interview.
Read and listen to the interview.

- Où habites-tu?
- J'habite à Bergerac.
- Tu habites à Bergerac depuis quand?
- J'habite ici depuis neuf ans.
- C'est une grande ville?
- Non, c'est une petite ville.
- C'est quel genre de ville?
- C'est une ville touristique.
- Tu y habites depuis quand?
- J'y habite depuis toujours. Je suis née à Bergerac.
- Qu'est-ce qu'il y a à voir ici?
- Il y a le fleuve, le château et les musées.
- Où est-ce qu'on peut aller?
- On peut aller à la piscine, aller en ville, ou aller au cinéma.
- Qu'est-ce qu'on peut faire?
- On peut faire du canoë, jouer au tennis, faire du vélo, et en été, on peut aller à Aqua Park, où l'on peut nager, jouer au volley, se baigner, se reposer, s'amuser.
- Aimes-tu habiter ici?
- Oui, j'aime bien.
- Merci.

Le détective

More useful reflexive verbs:

se baigner	*to go swimming*
se reposer	*to rest*
s'amuser	*to have a good time*

Pour en savoir plus ➡ page 140, pt 1.4

10 dix

MODULE 1

1b Lis et réponds aux questions.
Read and answer the questions.

1. Où habite-t-elle?
2. C'est quel genre de ville?
3. Elle y habite depuis quand?
4. Qu'est-ce qu'il y a à voir?
5. Où est-ce qu'on peut aller?
6. Qu'est-ce qu'on peut faire?

Le détective

| On peut + *infinitive* | *One/you can …* |
| On peut aller/faire | *One/you can go/do …* |

Pour en savoir plus ➡ page 143, pt 1.15

1c À deux. À tour de rôle. Faites une interview.
In pairs, take it in turns to interview each other.

● Qu'est-ce qu'il y a à voir ici?
● Il y a …

la tour   **le pont**   **le château**   **la cathédrale**

● Où est-ce qu'on peut aller?
● On peut aller …

à la piscine   **au cinéma**   **en ville**   **au musée**

● Qu'est-ce qu'on peut faire?
● On peut …

2a Qu'est-ce qu'on peut faire et qu'est-ce qu'on ne peut pas faire?
What can you do and what can't you do?

Stage activités jeunes

natation   **escalade**   **VTT**   **tennis**   **canoë**   **parapente**

2b Fais une brochure pour ton stage idéal.
Make a brochure for your ideal activity holiday.

Exemple:
Stage activités jeunes
On peut …

Mini-test — I can …
- talk about the geography of France
- talk about tourist attractions in France
- describe towns and say what you can do there

onze 11

4 Aqua Park

Saying what you like and don't like doing

A B C D E F G H I J

Aqua Park

1. 1000m² de piscine (répartis en 4 bassins)
2. toboggan aquatique
3. beach volley
4. VTT
5. canoë sur la Dordogne
6. parcours en motos et quads
7. snack, karaoké et soirées musicales
8. tennis
9. bowling
10. minigolf

1a À deux. Trouvez le bon dessin pour chaque activité.
In pairs, find the right picture for each activity.

Exemple:
A, qu'est-ce que c'est?
A, c'est (le VTT).

1b Qu'est-ce qu'ils aiment faire et qu'est-ce qu'ils n'aiment pas faire? (1–2)

1c Fais un résumé.
Write a summary.

Rappel

	aimer	
I	j'aime	I like
you	tu aimes	you like
he/she	il/elle aime	he/she likes

Corinne aime …	faire	du VTT, du bowling, du toboggan, du quads, du canoë
Pascal n'aime pas …	jouer	au volley, au mini-golf, au tennis
		le karaoké et les soirées musicales

12 douze

MODULE 1

2a Interviewe ton/ta partenaire et note ses réponses.
Interview your partner and note down his/her answers.

- Aimes-tu … ?

- Oui, j'aime. / Non, je n'aime pas. / Je ne sais pas.

| Je ne sais pas. | I don't know. |
| Il/Elle ne sait pas. | He/She doesn't know. |

2b Écris les résultats de l'interview.
Qu'est-ce qu'il/elle aime et qu'est-ce qu'il/elle n'aime pas?
Write down the answers to your interview. What did he/she like and dislike?

2c Et toi? Qu'est-ce que tu aimes et qu'est-ce que tu n'aimes pas?
What about you? What do you like and dislike?

| Ce n'est pas mon truc. | It's not my thing. |
| Je ne suis pas un grand sportif/une grande sportive. | I am not keen on sport. |

3 Lis et trouve-leur un(e) copain/copine!
Read the text and find a friend for each person.

Mathieu	Romain	Constance
🏊 ✓	🏊 ✓	🏊 ✓
💬 ✓	🏐 ✓	🛶 ✓
🍔 ✗	🍔 ✓	🚵 ✓
🎾 ✗	🛶 ✓	🎵 ✓
🏐 ✗	🛶 ✓	💃 ✓
🎵 ✓	🎾 ✗	📺 ✗

Benjamin: J'aime aller à Aqua Park avec mes copains. J'aime m'amuser, nager, faire du canoë. J'aime aussi faire du VTT et le soir j'aime écouter de la musique et danser mais je n'aime pas regarder la télé.

Cécile: Le samedi après-midi j'aime aller à la piscine, me baigner et bavarder avec mes copines. J'aime aussi rencontrer de nouveaux amis et écouter de la musique, mais je n'aime pas manger au snack et je ne suis pas une grande sportive.

Thomas: En été j'aime nager, j'aime jouer au volley-ball, j'aime faire du canoë et j'aime faire du VTT. J'aime aussi manger au snack mais je n'aime pas jouer au tennis. Ce n'est pas mon truc. Le soir j'aime aller au cinéma.

treize 13

5 Je suis allé(e) à Aqua Park et j'ai …

Talking about what you have done

Je suis allé(e) à Aqua Park et j'ai …

- joué au mini-golf
- joué au tennis
- joué au volley
- nagé
- bavardé
- fait du VTT
- fait du quads
- fait du canoë
- mangé
- bu
- dragué
- dansé

j'ai

1a Qu'est-ce qu'ils ont fait? Écoute et note. (1–5)
What did they do? Listen and make notes.

Le détective

To talk about what you have done you use the perfect tense (**le passé composé**). The perfect tense is usually made up of **j'ai** + the past participle, as follows:

J'ai regardé.	I watched.	J'ai acheté.	I bought.
J'ai fait.	I did.	J'ai bu.	I drank.

The past participle of regular **-er** verbs follow this pattern:
jouer – joué; danser – dansé; manger – mangé, but, **Je suis allé(e).** – I went.

Pour en savoir plus ➔ page 141, pt 1.7

1b À deux. Pose les questions à ton/ta partenaire.
In pairs, ask your partner these questions.

- Qu'est-ce que tu as fait?
- Qu'est-ce que tu as mangé?
- Qu'est-ce que tu as regardé?
- Qu'est-ce que tu as bu?
- Qu'est-ce que tu as joué?

	Partenaire A	Partenaire B
j'ai fait	canoë	vélo
j'ai mangé	pizza	hamburger
j'ai regardé	film	vidéo
j'ai bu	Orangina	Coca
j'ai joué	mini-golf	tennis

Samedi après-midi

Samedi après-midi je suis allé au parc de loisirs avec ma copine Isabelle et on a fait une balade à vélo dans la forêt. Puis on a pique-niqué. Le soir j'ai dîné avec mes parents et j'ai regardé une vidéo chez Isabelle. C'était génial.
Marc

Samedi après-midi je suis allée en ville avec mon copain, Jean-Yves. J'ai acheté des baskets et il a acheté un jean. Puis j'ai mangé une salade et un burger et il a mangé un poulet-frites. J'ai bu un jus d'orange et il a bu un coca, puis au cinéma on a vu le film *Matrix 2*. C'était super.
Emmanuelle

Samedi dernier j'ai fait du kayak avec mes copains. Puis j'ai nagé et j'ai joué au volley-ball. Ensuite j'ai mangé au snack et j'ai fait un nouveau copain. Il s'appelle Brice et il a quinze ans et il fait de la planche à voile. C'était cool!
Sylvie

Samedi après-midi je suis allé à Aqua Park avec ma sœur, Djamila. J'ai nagé, j'ai fait du toboggan, et puis j'ai joué au tennis. Ensuite j'ai mangé au snack, j'ai écouté de la musique et j'ai dragué les filles. C'était extra!
Youssef

2a Lis et trouve la bonne personne.
Read and find the right person.

qui	who

Qui … ?
1. a écouté de la musique?
2. a acheté un jean?
3. ont fait du vélo?
4. a fait de la planche à voile?
5. a regardé une vidéo?
6. a rencontré un nouveau copain?
7. a bu un jus d'orange?
8. a fait du toboggan?
9. a mangé un poulet-frites?
10. a dîné avec ses parents?

Jean-Yves
Emmanuelle
Isabelle
Marc
Sylvie
Youssef
Brice

2b Lis et trouve dans le texte:
Read and find in the text:

- deux choses à manger
- deux choses à boire
- deux jeux de ballon
- deux choses à voir
- deux mots pour un(e) ami(e)
- deux vêtements.

3 Qu'est-ce que tu as fait samedi après-midi?
What did you do on Saturday afternoon?

Je suis allé(e) en ville et j'ai …

quinze 15

Bilan et Contrôle révision

I can ...
- *name three areas in France* — la Bretagne, la Normandie, la côte d'Azur
- *name three of its rivers* — la Loire, la Seine, la Dordogne
- *name three of its mountain areas* — le Massif central, les Pyrénées, les Alpes
- *name three of its neighbouring countries* — l'Italie, la Suisse, l'Espagne, l'Allemagne, la Belgique
- *name three of its tourist attractions* — la tour Eiffel, le Parc Disneyland, le Futuroscope
- *name three of its towns* — Paris, Bordeaux, Poitiers

I can ...
- *talk about a town and say what sort of place it is* — C'est une ville industrielle/une ville touristique/une ville historique/une ville commerciale
  C'est un port de commerce/un port de pêche
- *talk about where I live* — J'habite à (Newtown).
  C'est une grande/petite ville ...
  C'est un village ...
  dans le nord/sud/dans l'ouest/est/centre de l'Angleterre/de l'Écosse/de l'Irlande/du pays de Galles
- *say how long I have lived there* — J'y habite depuis deux ans/toujours
- *...or I was born there* — Je suis né(e) ici
- *name three places that you can visit* — On peut visiter la ville/le musée/le château/le port ...
- *name three places that you can go to* — On peut aller en ville/ au parc d'attractions/à la piscine ...
- *name three things that you can do* — On peut faire du canoë, jouer au tennis, faire du vélo, nager, jouer au volley, se baigner, se reposer et s'amuser.

I can ...
- *say what I like doing* — J'aime ... faire/ jouer ...
- *...and what I don't like doing* — Je n'aime pas ... faire/jouer ...
- *say that I don't know* — Je ne sais pas.
- *say where I have been* — Je suis allé(e) à (Aqua Park).
- *...and what I have done* — J'ai nagé/joué/bavardé/fait du quads/fait du VTT/fait du canoë/mangé/bu/dragué/dansé.

MODULE 1

1 Où habitent-ils? (1–5)

| Patrice | Eveline | Véronique | Thomas | Rachid |

Toulouse **Nice** **Carcassonne** **Le Havre** **Boulogne-s/-mer**

2 Copie et remplis la grille.

	nom	ville	nombre d'années	qu'est-ce qu'on peut faire?
1				
2				

1. J'habite au Havre. J'y habite depuis six ans. On peut visiter le port ou aller à la piscine. **Sylvie**
2. J'habite à Carcassonne depuis dix ans. Ici on peut visiter les fortifications ou faire de l'équitation. **Bruno**
3. J'habite à Nice depuis toujours. Je suis née ici. La ville est au bord de la mer. On peut nager ou se reposer. **Nathalie**
4. J'habite à Boulogne-s/-mer depuis douze ans. La ville est au bord de la mer. On peut aller au cinéma ou on peut visiter la ville. **Olivier**
5. Je suis né à Paris mais j'habite à Toulouse depuis dix ans. C'est une ville industrielle où l'on fabrique l'Airbus. On peut faire un tour de la ville ou faire du vélo. **Sabrina**

3 Qu'est-ce que tu aimes et qu'est-ce que tu n'aimes pas?
À tour de rôle. Interviewe ton/ta partenaire.

- Aimes-tu …?
- Oui, j'aime bien./Non, je n'aime pas.

Partenaire A ✓ ✓ ✗ ✗ ✗

Partenaire B ✓ ✗ ✓ ✓ ✓

4 Fais une présentation.

J'habite à	…
C'est	une (grande/petite) ville/un village
dans	le nord/sud/dans l'est/ouest/centre… de l'Angleterre/de l'Écosse/de l'Irlande/du pays de Galles
J'y habite	depuis deux ans/depuis toujours.
On peut	faire/jouer/visiter …
J'aime	faire/jouer/manger …
Je n'aime pas …	

dix-sept 17

Grammaire

1 Nouns and gender

In French all nouns are masculine or feminine. (A noun is a name word. In English you can use the word 'the' or 'a' in front of a noun.) In French the word for 'the' changes in front of masculine, feminine and plural nouns.

Masc.	Fém.	Plur.
le	la	les

In front of a noun which begins with a vowel or a silent 'h' the **le** and **la** both become **l'**.

Le, la, l' or les?

1 capitale *(f)*
2 cathédrale *(f)*
3 cinémas *(mpl)*
4 école *(f)*
5 monument *(m)*
6 piscines *(fpl)*

2 Saying 'it'

	Masc.	Fém.
the	le	la
he/she	il	elle

il or elle?

1 château *(m)*
2 maison *(f)*
3 pont *(m)*
4 région *(f)*
5 rivière *(f)*
6 village *(m)*

3 Adjectives

Adjectives are describing words. Remember that in French adjectives have to agree with the noun.

Most adjectives add an **–e** in the feminine, e.g. **petit – petite, grand – grande**.

Adjectives which already end in **–e** don't change.

Masc.	Fém.
timide	timide
rouge	rouge
commercial	commerciale
industriel	industrielle
pittoresque	pittoresque

Which of these will change?

1 un pont (pittoresque)
2 un port (commercial)
3 un village (touristique)
4 une ville (industriel)
5 une région (commercial)
6 une fille (timide)

4 Verbs

When you are talking about yourself you use the **je** form.
When you are interviewing your partner you use the **tu** form.
When you are talking about someone else you use the **il/elle** form.

	–er verbs	faire – *to do*	avoir – *to have*	être – *to be*
I	j'aime	je fais	j'ai	je suis
you	tu aimes	tu fais	tu as	tu es
	Aimes-tu …?	Fais-tu …?	As-tu …?	Es-tu …?
he/she	il/elle aime	il/elle fait	il/elle a	il/elle est

1 How would you say you do these things?

A   B   C   D   E

2 How would you ask your partner if he/she does them?

3 How would you report back, saying he/she does them?

5 How to say you like (or don't like) doing something: *aimer* + infinitive

I like riding my bike. J'aime faire du vélo.
I don't like swimming. Je n'aime pas nager.

Which of these do you like, and which don't you like?

A   B   C   D   E   F   G   H

6 How to say what you can do

On peut aller/faire/visiter … *We/You can go/do/visit …*

Qu'est-ce qu'on peut faire? *Tell your penfriend what you can do.*

A   B   C   D   E   F

En Plus *La Polynésie – Ici on parle français*

Qu'est-ce que la Polynésie?

Tahiti est une île qui se trouve dans l'océan Pacifique. Il y a 131 300 habitants.

La capitale de Tahiti est Papeete. La montagne la plus haute s'appelle le mont Orohena avec une altitude de 2 241 m. Tahiti mesure 50 km de long sur 25 km de large.

Les industries principales sont l'agriculture et le tourisme. Les produits principaux sont les bananes, les noix de coco, le sucre de canne, la vanille et les perles.

Beaucoup de plages sont noires parce que les îles sont d'origine volcanique.

À la maison, la plupart des Tahitiens parlent tahitien, mais la langue officielle est le français.

Moorea 20 min — Papeete — Tahiti — Sydney 8h — l'océan Pacifique

1a Lis et écoute.
Read and listen.

1b À deux, à tour de rôle. Pose les questions et donne les réponses.
In pairs, take it in turns to ask and reply to the questions.

1. Tahiti, qu'est-ce que c'est?
2. Où se trouve Tahiti?
3. Il y a combien d'habitants?
4. Comment s'appelle la capitale de Tahiti?
5. Comment s'appelle la montagne la plus haute?
6. Quelles sont les industries principales?
7. Quelle est la langue officielle?

le/la plus haut(e)	the highest

1c Fais un portrait de Tahiti.
Write a profile of Tahiti.

Carte d'identité

Nom:
Capitale:
Nombre d'habitants:
Langue:
Montagne la plus haute:
Industries principales:

MODULE 1

La ora na, maeva! Ça veut dire 'Bonjour, bienvenue!', en tahitien.

Je suis tahitienne. Je m'appelle Moorea. J'habite à Tiarei, une petite commune au bord de la mer. Le collège est à dix kilomètres de chez moi et j'y vais en 'truck'. De septembre à juillet il y a de grandes vagues et quand je rentre du collège je fais du boogie.

La mer est à quinze mètres de ma maison. Pendant les vacances on fait beaucoup de natation et de plongée. Le sable est noir parce que nous habitons une région volcanique. La maison est petite, il y a deux chambres, une cuisine et une salle de bains. Normalement on mange dehors, sur la terrasse. Le soir mon père joue de la guitare et il chante des vieilles chansons maories.

Mon plat préféré est le fei, c'est une banane cuite, mais j'adore aussi le steak-frites!

Au collège on parle français mais à la maison nous parlons tahitien: par exemple, au revoir c'est 'nana'. Nana!

Moorea

le truck

2a Lis et écoute.
Read and listen.

2b Lis et réponds.
Read and answer the questions.

1. Où habite Moorea?
2. Où se trouve le collège?
3. Comment va-t-elle au collège?
4. Que fait-elle après le collège?
5. Où se trouve la mer?
6. Que fait-on pendant les vacances?
7. Pourquoi le sable est-il noir?
8. Il y a combien de pièces dans sa maison?
9. Où mange-t-on normalement?
10. Qui joue de la guitare?
11. Quel est son plat préféré?
12. Qu'est-ce qu'elle adore aussi?
13. Quelle langue parle-t-elle à la maison?
14. Quelle langue parle-t-elle au collège?

2c Le frère de Moorea. Écoute, copie et complète la liste.
Moorea's brother. Listen, copy and fill in the grid.

Nom:
Âge:
Yeux:
Cheveux:
Loisirs:
Plat préféré:
Couleur préférée:

2d Écris un paragraphe sur son frère.
Write a paragraph about her brother.

Son frère s'appelle … etc.

Rappel

	Masc.	Fem.	Plural
my	mon	ma	mes
your	ton	ta	tes
his/her	son	sa	ses

vingt et un 21

3a Présente-toi. Prépare et enregistre une cassette pour envoyer à Moorea.
Write a description of yourself. Record it on cassette to send to Moorea.

Je m'appelle … J'ai … ans. J'ai les yeux … et les cheveux … J'aime …
Mon plat préféré est … et ma couleur préférée est … .

3b Écris un e-mail à envoyer à Moorea.
Write an email to send to Moorea.

4a Lis et écoute.
Read and listen.

Poème

Citoyens du monde

Nous passons nos vacances en Espagne,
Je passe mes vacances en Espagne
Mes baskets sont fabriquées en Corée du Sud
Mon jus d'orange vient d'Israël

Je calcule en chiffres arabes
Je mange des spaghettis italiens
J'utilise l'alphabet latin
Mes jeux vidéo viennent du Japon
Ma chemise vient du Portugal
Mon jean vient des États-Unis

Mon chanteur préféré vient d'Afrique du Nord
Mon livre est imprimé à Hong-Kong
Je regarde des films américains
Mes chaussettes viennent de Chine

Mon footballeur préféré vient d'Amérique du Sud
et je peux surfer n'importe où dans le monde …
Le monde est ma maison
Je suis une habitant(e) de la planète Terre!

22 vingt-deux

4b Lis et réponds! D'où viennent …?
Read and answer the questions. Where do they come from?

- ses baskets
- son jus d'orange
- ses spaghettis
- ses jeux vidéo
- sa chemise
- son jean
- son chanteur préféré
- son livre
- ses films
- ses chaussettes
- son footballeur préféré

4c Écris un poème.
Write a poem.

Je m'appelle …

J'ai …

Je suis …

Mon (père/sac etc.) est …

Ma (mère/maison/copine) est …

Mes (amis) sont …

Je fais …

Je regarde …

J'écoute …

Je préfère …

J'aime …

Je mange …

Je bois …

Et je suis …

bavard(e)

marrant(e)

sportif(ive)

timide

COOL

du judo

du vélo

du basket

des pâtes

une pizza

un coca

une glace

un jus d'orange

vingt-trois 23

Mots

La France	*France*	**Où habites-tu?**	*Where do you live?*
un fleuve	*a river*	J'habite …	*I live …*
une chaîne de montagnes	*a mountain range*	Il/Elle habite …	*He/she lives …*
une région	*a region*	dans le nord/sud/ l'est/ouest/centre	*in the north/south/ east/west/centre*
un pays	*a country*	J'y habite …	*I have lived here …*
un site touristique	*a tourist attraction*	depuis … ans	*for … years*
l'Allemagne (*f*)	*Germany*	depuis toujours	*for ever*
la Belgique	*Belgium*	Je suis né(e) ici.	*I was born here.*
l'Espagne (*f*)	*Spain*		
l'Italie (*f*)	*Italy*	**Qu'est-ce qu'on peut faire?**	*What can you do?*
la Suisse	*Switzerland*	On peut faire …	*You can go …*
un château	*castle*	du canoë	*canoeing*
un monument	*monument*	de l'escalade	*climbing*
un musée	*museum*	de la natation	*swimming*
un parc d'attractions	*theme park*	du parapente	*parapenting*
une tour	*tower*	de la planche à voile	*windsurfing*
une ville	*town*	de la plongée	*diving*
Ça se trouve où?	*Where is it?*	du VTT	*mountain biking*
Il/Elle se trouve …	*It is …*		
à Paris	*in Paris*	On peut …	*You can …*
au bord de la mer	*by the sea*	aller à …	*go to …*
		… la piscine	*the swimming pool*
C'est quelle sorte de ville?	*What sort of town is it?*	aller au cinéma	*go to the cinema*
C'est une ville …	*It is a/an … town.*	aller en ville	*go to town*
commerciale	*commercial*	aller au musée	*go to the museum*
historique	*historical*	nager	*go swimming*
industrielle	*industrial*	s'amuser	*enjoy yourself*
touristique	*tourist*	se baigner	*go swimming*
un port de commerce	*commercial port*	se reposer	*rest*
un port de pêche	*fishing port*	voir le château/pont	*see the castle/bridge*
C'est une grande/ petite ville.	*It's a large/small town.*	la cathédrale/tour	*the cathedral/tower*
C'est un village.	*It's a village.*		

Module 1

Qu'est-ce que tu aimes faire?
Aimes-tu faire …
du bowling?
du karaoké?
du quads?

Aimes-tu …
aller à la piscine/ au cinéma?
jouer au minigolf?

Oui, j'aime.
Non, je n'aime pas.
Je ne sais pas.
Il/Elle ne sait pas.

What do you like to do?
Do you like …
going bowling?
doing karaoke?
going quad-biking?

Do you like …
going to the swimming pool/cinema?
playing mini-golf?

Yes, I like it.
No, I don't like it.
I don't know.
He/she doesn't know.

Qu'as-tu fait?
Je suis allé(e) …
J'ai acheté …
J'ai bavardé …
J'ai bu …
J'ai dansé …
J'ai dragué …
J'ai écouté de la musique …
J'ai nagé …
J'ai regardé un film/ une vidéo …

J'ai fait …
du canoë
du quads
du toboggan
du VTT

J'ai joué …
au minigolf
au tennis
au volley

What did you do?
I went …
I bought …
I chatted …
I drank …
I danced …
I chatted up …
I listened to music …

I swam …
I watched a film/ video …

I did/went …
canoeing
quad-biking
on a water slide
mountain biking

I played …
mini-golf
tennis
volleyball

MODULE 2 J'ARRIVE

1 Je te présente ma famille

Talking about your family and what they do

1a Lis et trouve.

> Regarde, sur la photo il y a mon père, Justin, à droite, qui cuit les saucisses. À gauche, c'est ma mère, Julie, qui coupe le pain. Ma tante, Émilie, verse du coca dans des verres et mon oncle, Jules, arrive avec de la bière pour les adultes. Puis, à côté de Jules ce sont mes grands-parents, Pierre et Monique. Ils sont assis à table et ma sœur, Sophie, distribue les assiettes. Mon grand-frère, Denis, n'est pas là. Il est allé en ville avec sa petite copine.
>
> **Ludo**

1b Vérifie à deux.

- A, c'est son père.
- Non, c'est son oncle.
- B, c'est …

1c Vrai ou faux?

1. Julie distribue les assiettes.
2. À gauche, sa mère coupe le pain.
3. Pierre et Sophie sont assis à table.
4. Son grand-père cuit les saucisses.
5. Sa tante verse du coca dans des verres.
6. Justin est à gauche sur la photo.

Rappel

Remember the words for **my**, **your** and **his/her** agree with the noun.

Masc.	Fem.	Plural
mon père	ma mère	mes frères
ton frère	ta sœur	tes parents
son oncle	sa tante	ses cousins

MODULE 2

1d Décris la famille de Ludo.

Son père s'appelle … Sa mère s'appelle … etc.

2a À deux. C'est quel métier?
In pairs. Which job is it?

- **A,** c'est quoi, comme métier?
- **A,** infirmier. / Je ne sais pas.

A   B 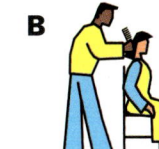   C    D 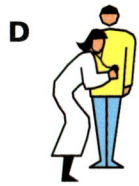   E

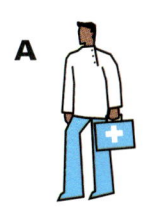

F    G    H    I    J

coiffeur/coiffeuse
médecin
menuisier
mécanicien(ne)
infirmier/infirmière
maçon
informaticien(ne)
graphiste
cuisinier/cuisinière
étudiant(e)

2b Écoute et note.
Que font-ils? (1–9)
Listen and note down what they do.

In English we say he or she is a doctor/a student.
In French you just say he/she is doctor/student.

Il/Elle est médecin.   He/She is a doctor.
Il/Elle est au chômage.   He/She is out of work.
Il/Elle travaille à son compte.   He/She is self-employed.

2c Ma famille. Que font-ils?

Exemple: Mon grand-père est menuisier.

A — mon grand-père
B — ma grand-mère
C — ma mère
D — mon père
E — mon oncle
F — ma tante
G — ma sœur
H — mon frère

vingt-sept 27

2 À la maison

Talking about your own home

Cher corres,
Voici une photo de notre maison.
　C'est une grande maison. Elle est dans un quartier calme. Mes grands-parents habitent au rez-de-chaussée et nous habitons au premier étage.
　En bas, au sous-sol, il y a la cave.
　Au rez-de-chaussée, il y a l'appartement de Mamie et Papi. Ils ont une chambre, une salle de bain, une cuisine et un grand salon qui donne sur le jardin. Ce n'est pas grand mais c'est joli.
　Au premier étage, nous avons la chambre de mes parents, une salle de bain, une grande cuisine avec coin-repas où nous mangeons, et un salon où nous regardons la télévision et un balcon où il y a des plantes.
　Ma chambre est au deuxième étage. Je partage ma chambre avec mon frère. Nous avons une salle d'eau avec douche, une petite salle de jeux où nous faisons nos devoirs, écoutons de la musique ou jouons sur l'ordinateur.
　　　　　　　　　　　　　　　Ludo

| **qui donne sur** *which overlooks* |

1a Lis et écoute.

1b Lis et trouve. Trouve les mots et les phrases dans le texte.
Listen and find these words and phrases in the text.

1. in the basement
2. on the ground floor
3. on the first floor
4. on the second floor
5. a quiet area
6. a shower
7. a games room
8. I share my room

1c À tour de rôle. Pose les questions et donne les réponses.
Take it in turns to ask and answer the questions.

1. Qu'est-ce qu'il y a au sous-sol?
2. Il y a quelles pièces au rez-de-chaussée?
3. Il y a quelles pièces au premier étage?
4. Il y a quelles pièces au deuxième étage?
5. Ludo partage sa chambre avec qui?

1d Que font-ils? Copie et complète les phrases:

1 Nous … une grande maison. (habiter)
2 Nous … un balcon. (avoir)
3 Nous … dans la chambre au deuxième étage. (dormir)
4 Nous … nos devoirs dans le bureau. (faire)
5 Nous … la télé dans le salon. (regarder)
6 Nous … dans la cuisine. (manger)
7 Nous … de la musique dans la salle de jeux. (écouter)
8 Nous … sur l'ordinateur au deuxième étage. (jouer)

Le détective

Talking about what 'we' do.
The French word for 'we' is nous. The nous form of the verb ends in –ons. Most –er verbs follow this pattern:

je joue	nous jouons
tu joues	vous jouez
il/elle joue	ils/elles jouent

Other nous forms are: nous faisons, nous avons, nous mangeons.

Pour en savoir plus ➡ page 139, pt 1.2

2a Où habitent-ils?
Ils y habitent depuis quand?
Copie et complète la grille. (1–6)
Where do they live? How long have they lived there? Copy and fill in the grid.

	un appartement	une maison	depuis quand?
1			

Rappel

In French there are two words for 'you'. You use **tu** if you are talking to one person and **vous** if you are talking to more than one person.

2b À deux. Questions et réponses.

Partenaire A
Où habitez-vous?
Vous y habitez depuis quand?
Vous avez quelles pièces?
Où mangez-vous?

Où dormez-vous?
Où regardez-vous la télé?

Partenaire B
Nous habitons …
Nous y habitons depuis … ans.
Nous avons …
Nous mangeons dans (la cuisine/le coin-repas/la salle à manger)
Nous dormons au (premier étage)
Nous regardons la télé (dans le salon/la salle de séjour/ma chambre)

3 Dessine un plan de l'intérieur de la maison et décris-la.
Draw a plan of the inside of the house and describe it.

vingt-neuf 29

3 J'ai ...?

How to say what is wrong and ask for something

> J'ai faim.
> J'ai soif.
> J'ai froid.
> J'ai chaud.
> J'ai mal à la tête.
> J'ai besoin d'une serviette.
> J'ai oublié mon shampooing.
> Je suis fatigué(e).

Eléonore   Pauline   Anthony   Clément   Sylvie   Rachid   Agathe   Antoine

1a Qui parle? (1–8)

1b À deux. À tour de rôle. Que dites-vous? *In pairs, take it in turns. What do you say?*

A   B   C   D   E   F   G   H

1c Lis et trouve. Qui parle? (Eléonore, Pauline, etc.)

1 Avez-vous du shampooing?
2 Avez-vous un pull pour moi?
3 Est-ce que je peux avoir un sandwich?
4 Avez-vous de l'aspirine?
5 Est-ce que je peux prendre une douche?
6 Avez-vous quelque chose à boire?
7 Avez-vous une serviette pour moi?
8 Est-ce que je peux aller au lit?

trente

MODULE 2

2a Écoute. Que veulent-ils? C'est qui? (1–8) Listen. What do they want and who is it?

Exemple: 1 – F, Sylvie

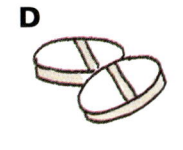

A　B 　C 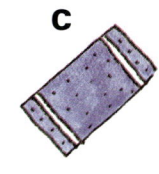　D　E 　F　G　H

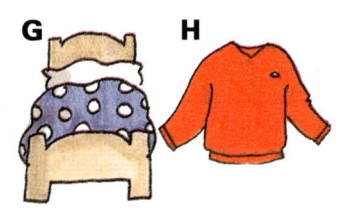

2b Jeu de rôle.

Partenaire A

- J'ai …  . Avez-vous …  ?
- Oui, j'ai … . Avez-vous … et … ? 
- J'ai … . Je suis … . Est-ce que je peux … et … ?
- J'ai oublié ma … et mon … . 
- Merci.

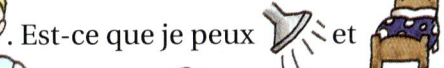

Partenaire B

- Voilà. Veux-tu autre chose?
- Voilà. Ça va?
- Oui, bien sûr.
- Voilà.
- De rien.

2c Que dis-tu?

J'ai (froid). Avez-vous (un pull pour moi)?
Je suis (fatigué/e). Est-ce que je peux …?

A　B 　C 　D

E 　F

Mini-test	I can …
	• talk about my family and say what they do
	• talk about my house
	• say how long I've lived there
	• ask if I may do something
	• say I am hungry/cold etc.

trente et un 31

4 Est-ce que tu peux …?

How to talk about jobs in the house

A mettre la table
B débarrasser la table
C vider le lave-vaisselle
D passer l'aspirateur
E ranger les affaires
F faire les lit
G sortir la poubelle

les tâches *jobs/tasks*

1a Écoute et répète. Attention à la prononciation.

1b C'est quelle tâche? (1–6)
Exemple: 1–C

1c Lis et trouve. C'est quelle tâche?
Exemple: 1–E, *ranger les affaires*

1 Tu peux mettre les chaussettes dans le tiroir et ton pull dans le placard.

2 Tu peux mettre les assiettes dans le lave-vaisselle et les verres dans l'évier.

3 Tu n'as pas encore fait ton lit … dépêche-toi ou tu ne sors pas ce soir!

4 Les couteaux et les bols sont dans le lave-vaisselle.

5 Qui a laissé entrer le chien? Il y a des traces de pattes partout.

6 Qui peut descendre la poubelle? Elle déborde.

32 trente-deux

MODULE 2

2a À tour de rôle. Après la boum.

	Partenaire A	Partenaire B
● Est-ce que tu peux …?		
● C'est fini! Autre chose?		
● Est-ce que tu peux …?		
● Autre chose?		
● Est-ce que tu peux …?		

2b Remplis les blancs.

- ● Marjolaine, est-ce que tu peux (**1**) _____ l'aspirateur?
- ● Non, je ne veux pas, je préfère vider le (**2**) _____.
- ● Nicolas, est-ce que tu peux faire les lits?
- ● Ah non, Maman, je préfère mettre la (**3**) _____.
- ● Amandine, tu peux aller (**4**) _____ la poubelle?
- ● Ben non, Maman, je (**5**) _____ faire les lits.
- ● Benjamin, (**6**) _____ tu peux ranger les affaires ?
- ● Ah non, Maman je préfère sortir la poubelle.
- ● Kathy, est-ce que tu (**7**) _____ débarrasser la table ?
- ● Ah non, Maman, je préfère ranger les (**8**) _____.
- ● Fredérique, est-ce que tu peux passer l'aspirateur ?
- ● (**9**) _____, Maman je préfère (**10**) _____ la table.
- ● Alors, Dominique, qu'est-ce que tu fais?
- ● Moi, qu'est-ce qu'il reste à faire?

> sortir
> est-ce que
> passer
> affaires
> peux
> lave-vaisselle
> table
> préfère
> débarrasser
> Ah non

2c Après la boum. Qu'est-ce que tu dis?

Exemple: Stéphane, est-ce que tu peux …?

Stéphane **Jérôme** **Aurélie** **Denis** **Mélodie** **Éric**

trente-trois 33

5 Mettons la table!

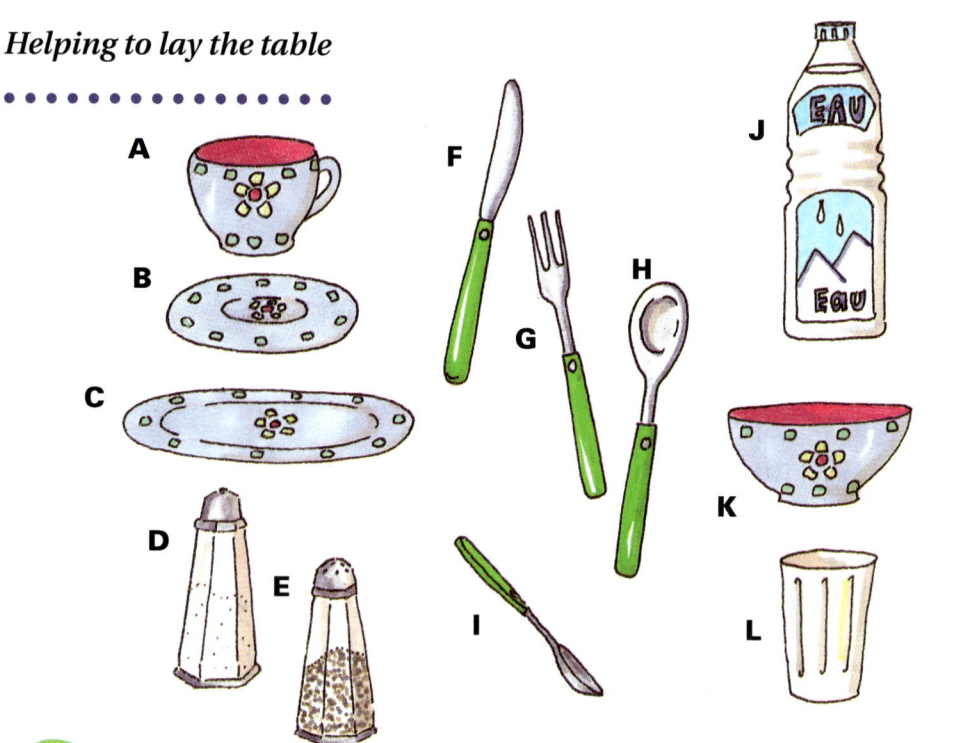

Helping to lay the table

le couteau
la cuillère
la petite cuillère
la fourchette
l'assiette (f)
le sel
le poivre
le verre
le bol
la bouteille d'eau
la tasse
la soucoupe

1a Écoute et répète. Attention à la prononciation.

1b Trouve la lettre qui correspond.

1. Je n'ai pas de couteau.
2. Avez-vous une fourchette?
3. Je n'ai pas de bol.
4. Il n'y a pas de petites cuillères.
5. Je n'ai pas de tasse.
6. Passe-moi les assiettes, s'il te plaît.
7. Où est la bouteille d'eau?
8. Où est le sel?
9. Où sont les verres?
10. Avez-vous une soucoupe?

1c Écoute et note. Il n'y a pas de …? (1–7)
Listen and note down. What is missing?

1d Il me faut … Copie et complète la liste.
6 cuillères …

Rappel

In French most words form the plural by adding **-s**, just as in English, but words which end in **-eau** add **-x**, e.g. **un couteau**, **deux couteaux**.

| **il me faut** | *I need* |
| **il te faut** | *you need* |

34 trente-quatre

2a Où sont-ils?

Exemple: La bouteille d'eau est …

la bouteille d'eau	les couteaux	les cuillères	le beurre	les assiettes	les verres

est — sont

dans le tiroir — dans le lave-vaisselle — sur la table — dans le placard — dans le frigo

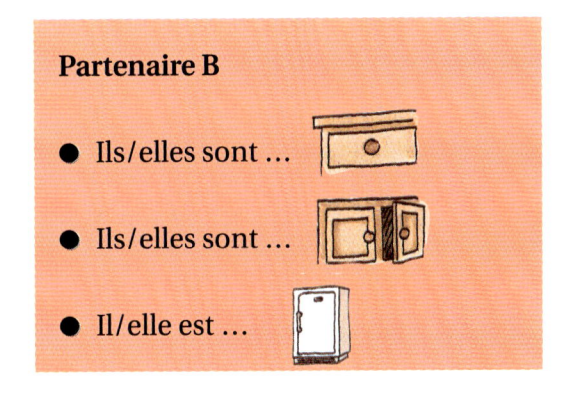

2b Jeu de rôle.

Partenaire A
- Où sont les …?
- Où sont les …?
- Où est …?

Partenaire B
- Ils/elles sont …
- Ils/elles sont …
- Il/elle est …

3 Tu mets la table pour le dîner. Qu'est-ce qu'il te faut?
You are laying the table for dinner. What do you need?

Il me faut …

et du …

trente-cinq 35

Bilan et Contrôle révision

I can …
- *say what my relations are called* — mon père/ ma mère/ mon grand-père mon frère/ma sœur s'appelle …
- *say what people do* — Il/Elle est coiffeur/coiffeuse; médecin; menuisier; mécanicien(ne); infirmier/infirmière; maçon; informaticien(ne); graphiste; cuisinier/cuisinière; étudiant(e)

I can …
- *describe where I live* — J'habite une grande/petite maison un grand/petit appartement
- *name five rooms* — Il y a le salon, la cuisine, la salle de bains, la salle à manger, la chambre, la douche

I can …
- *say what is wrong* — J'ai faim./J'ai soif./J'ai froid./J'ai chaud./ J'ai mal à la tête./J'ai besoin d'une serviette./J'ai oublié mon shampooing./Je suis fatigué(e).
- *ask for something* — Avez-vous du shampooing/un pull/de l'aspirine pour moi …? Est-ce que je peux avoir un sandwich/ prendre une douche … ?

I can …
- *ask someone to help* — Est-ce que tu peux mettre la table/débarrasser la table/vider le lave-vaisselle/ passer l'aspirateur/ranger les affaires/faire les lits/ sortir la poubelle?
- *name items of cutlery* — le couteau, la cuillère, la petite cuillère, la fourchette
- *name items of crockery* — l'assiette (f), le verre, le bol, la tasse, la soucoupe

MODULE 2

1 Qui habite dans quelle maison? Il/Elle y habite depuis quand? (1–5)

Sylvie   Florian   Paul   Julie   Aïssata

A   B   C   D   E

2 Trouve la bulle qui correspond et la phrase qui complète le texte.

A   B   C   D   E   F   G   H

Je suis fatigué(e).   J'ai oublié ma serviette.   J'ai faim.   J'ai froid.

J'ai soif.   J'ai mal à la tête.   J'ai chaud.   J'ai besoin de shampooing.

1 J'ai les cheveux secs.
2 Pouvez-vous m'en prêter une?
3 Avez-vous un pull pour moi?
4 Est-ce que je peux avoir quelque chose à boire?
5 Avez-vous des aspirines?
6 Est-ce que je peux aller au lit?
7 Est-ce que je peux ouvrir la fenêtre?
8 Est-ce que je peux avoir un sandwich?

3 Ton/ta partenaire veut aider à la maison. Que dis-tu?

Est-ce que tu peux … ?

A   B    C    D    E    F

4 Décris ta famille. Comment s'appellent-ils? Ils ont quel âge? Que font-ils?

Henri (62)    **Sophie (60)**    **Paul (41)**    **Émilie (40)**    **Gérard (19)**    **Véronique (17)**

trente-sept 37

Grammaire

1 How to say 'my', 'your', 'his' and 'her'

Remember the words for 'my', 'your' and 'his/her' agree with the noun.

Masc.	Fém.	Plur.
mon père	ma mère	mes frères
ton frère	ta sœur	tes parents
son oncle	sa tante	ses cousins

1 Put the right form of 'my' in front of these words.

- a ... père
- b ... mère
- c ... parents
- d ... frère
- e ... sœur
- f ... copains
- g ... grand-père
- h ... grand-mère
- i ... grands-parents
- j ... livre
- k .... trousse
- l ... affaires

2 Now put the right form of 'your' in front of the words.

3 Put the word for 'his/her' in front of all the words.
Remember that the word for 'his' and 'her' is the same: **son/sa/ses**,
e.g. **son père** – his/her father; **sa mère** – his/her mother.

2 Talking about jobs

Some of the words for jobs have a feminine form, but not all!

Il/Elle est coiffeur/coiffeuse   mécanicien(ne)
cuisinier/cuisinière   médecin
étudiant(e)   menuisier
infirmier/infirmière   graphiste
informaticien(ne)   maçon

1 Look up five new words for jobs and write down the French words,
e.g. teacher, salesman/woman, (lorry) driver, etc.

Tip: In French you say he/she is carpenter etc. (you omit the word 'a').
e.g. Il/Elle est menuisier.

2 How would you say he is a ...? **Il est ...**

A    B    C 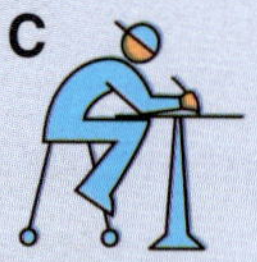   D    E

... and she is a ...? **Elle est ...**

F    G    H    I    J

38 trente-huit

3 Talking about what 'we' do

The French word for 'we' is **nous**. The **nous** form of the verb ends in **–ons**.

Most **–er** verbs follow this pattern:

je joue	nous jouons
tu joues	vous jouez
il/elle joue	ils/elles jouent

These verbs are slightly different:

manger	nous mangeons
nager	nous nageons
lire	nous lisons
faire	nous faisons
boire	nous buvons
écrire	nous écrivons

How would you say 'we' are doing these things?

A B C D E F G H

4 Singular and plural

In French most nouns form the plural by adding **–s**, just as in English, e.g.

un garçon, deux garçons; une fille, deux filles.

However, words which end in **–eau** add **–x**, e.g. **un couteau, deux couteaux**.

How would you say?

A B C D E F

trente-neuf 39

En Plus *La Francophonie*

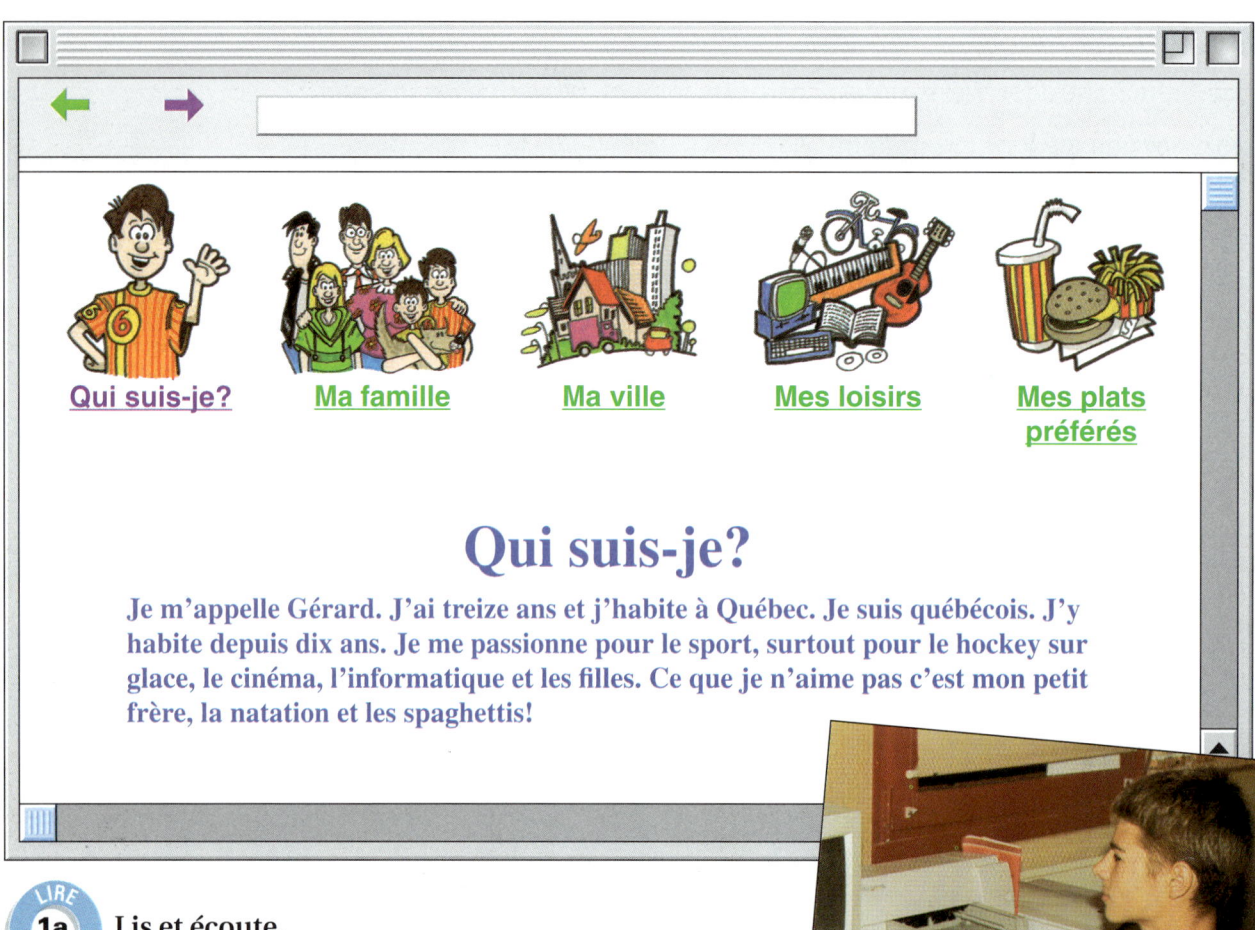

Qui suis-je? | **Ma famille** | **Ma ville** | **Mes loisirs** | **Mes plats préférés**

Qui suis-je?

Je m'appelle Gérard. J'ai treize ans et j'habite à Québec. Je suis québécois. J'y habite depuis dix ans. Je me passionne pour le sport, surtout pour le hockey sur glace, le cinéma, l'informatique et les filles. Ce que je n'aime pas c'est mon petit frère, la natation et les spaghettis!

Gérard

1a Lis et écoute.

1b Lis et trouve.

1. Gérard a quel âge?
2. Où habite-il?
3. Il y habite depuis quand?
4. Qu'est-ce qu'il aime et qu'est-ce qu'il n'aime pas?

1c Écris le texte pour ton site. Qui suis-je?

Je m'appelle …
J'ai …
Je suis …
J'habite…
J'y habite depuis …
Je me passionne pour …
Ce que je n'aime pas c'est …

1d Enregistre ton texte.

quarante

MODULE 2

2a Lis et écoute.

Ma famille

Mon père est hôtelier et restaurateur. Il s'appelle Guillaume. Ma mère travaille dans l'hôtel et mon père travaille dans le restaurant. Elle s'appelle Anna.

Mes grands-parents, Pierre et Véronique, habitent une ferme à quinze kilomètres de la ville de Québec. Ils ont des vaches et des pommiers.

J'ai un petit frère, qui s'appelle Serge. Il m'énerve tout le temps parce qu'il vient toujours dans ma chambre quand j'ai invité des amis. J'ai aussi une grande sœur, Sybille, qui aide mes parents dans le restaurant. Le week-end elle sort avec son petit copain Gilles. Gilles est électricien et il a une moto. J'ai un chien qui s'appelle Java.

2b Lis et trouve. Comment s'appellent-ils?

Exemple:
Son père s'appelle Guillaume (B)
Sa mère …

2c Fais le texte pour ta page: Ma famille.

2d Enregistre ton texte.
Record your text.

quarante et un 41

3a Lis et écoute.

Ma ville

J'habite à Québec. C'est une grande ville commerciale. La ville se trouve en province de Québec, au Canada. La ville est située au bord du fleuve, le Saint-Laurent.

C'est une ville historique et pittoresque. Il y a …
- la Citadelle, qui est située sur une hauteur qui domine le fleuve.
- le château Frontenac, qui est un grand hôtel avec des magasins dans l'hôtel.
- le port: c'est un port commercial avec des bateaux de partout dans le monde.
- le pont pour traverser le fleuve.
- le quartier Champlain avec des cafés et des petites boutiques.
- le centre commercial avec les grands magasins.

J'aime habiter à Québec parce que c'est une très belle ville avec beaucoup de parcs. J'aime l'ambiance. Ce que je n'aime pas c'est la pollution.

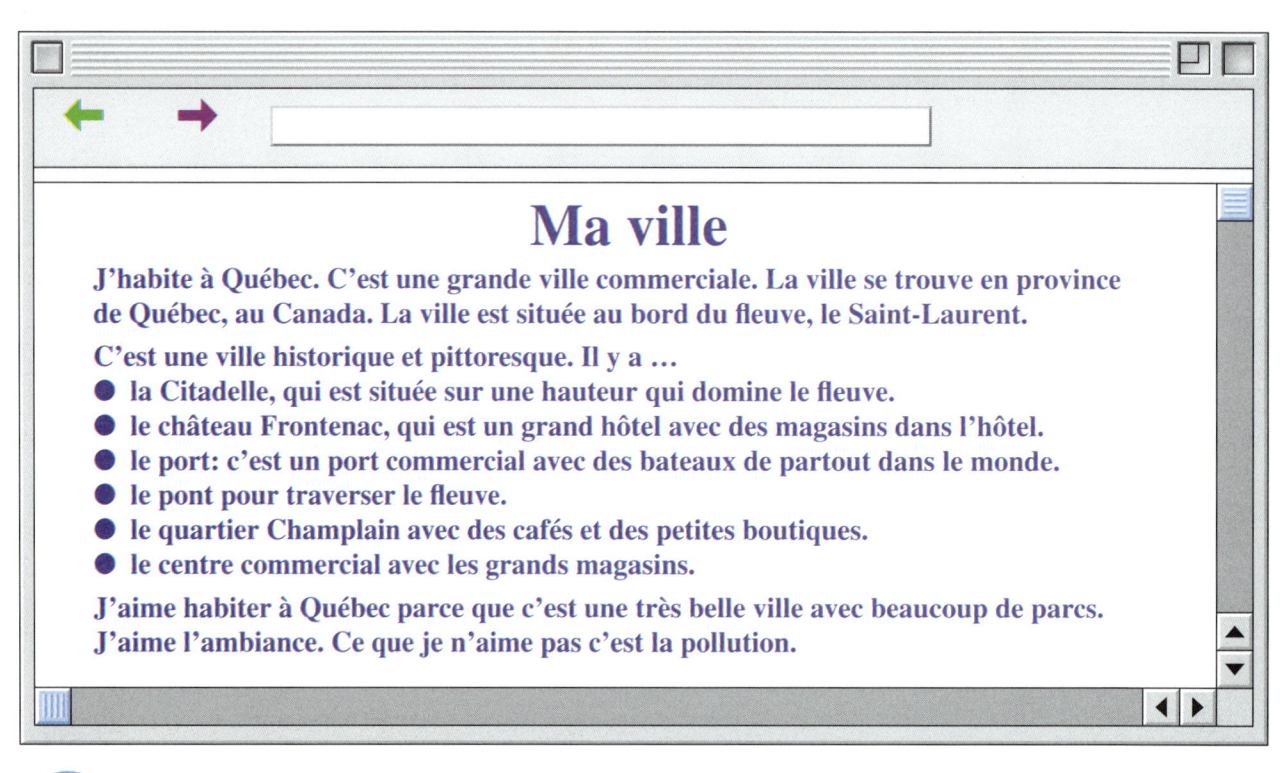

3b Lis et trouve un titre pour chaque photo.

la citadelle
le Saint-Laurent
le port
le château Frontenac
le quartier Champlain
le pont

3c Qui aime habiter à Québec? Pourquoi?

| Denis | Bernadette | Yann | Caroline | Mathieu | Janine |

Ah oui, j'aime bien parce que …
(**a**) c'est calme (**b**) c'est cosmopolite (**c**) il y a beaucoup de choses à faire

Ah non, je n'aime pas parce qu'/que …
(**d**) il y a trop de monde (**e**) il y a trop d'industrie et de pollution (**f**) c'est trop calme

3d Écris ton texte. Ma ville.

J'habite à …
C'est une ville (touristique)
Il y a …
J'aime …
Je n'aime pas …

3e Enregistre ton texte.

Mes copains/copines

Je cherche une petite copine.

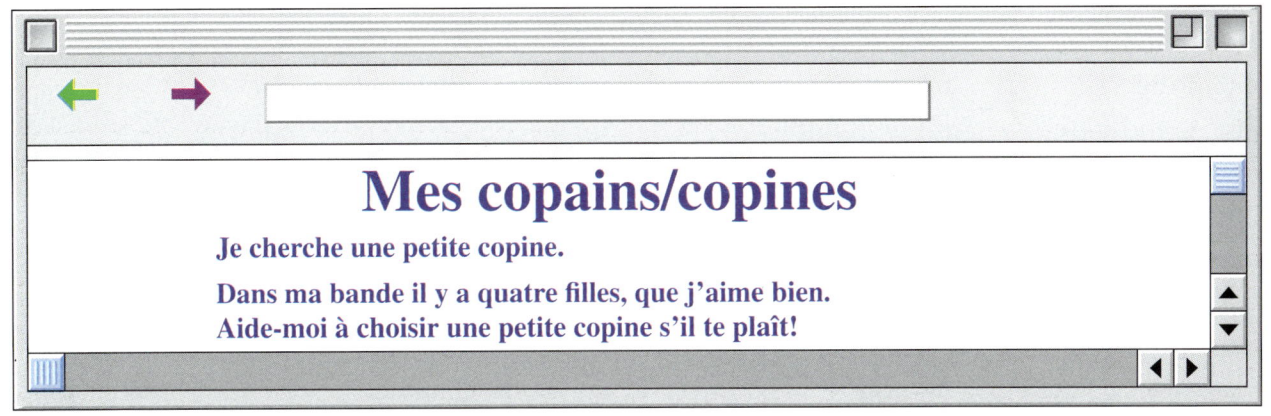

Dans ma bande il y a quatre filles, que j'aime bien.
Aide-moi à choisir une petite copine s'il te plaît!

4a Mes copines. Copie et complète la grille.

nom	loisirs	musique	n'aime pas	plus	minus

4b Qui écrit?

Hier je suis allée en ville pour faire du shopping et après j'ai fait une balade à vélo. Le soir j'ai joué de la guitare avec ma copine. Gérard m'a invitée à sortir avec lui. Il est très gentil et je l'aime bien, mais je ne peux pas, parce que je sors avec Axel.

Hier je suis allée en ville et j'ai rencontré mon petit copain Julien. On s'est disputés parce qu'il a voulu aller manger à la pizzeria avec ses copains, et il sait que je n'aime pas les pizzas et je n'aime pas ses copains.

Hier matin je suis allée voir un match de hockey sur glace. Gérard a joué. Il a marqué un but. Il joue très bien. L'après-midi j'ai fait une promenade à cheval. J'ai invité Gérard à m'accompagner mais il n'aime pas les chevaux, et moi je n'aime pas faire du vélo.

Hier je suis allée au lac avec mon père et mes frères. J'ai fait de la planche. Après on a pique-niqué et le soir je suis allée à un concert au centre de loisirs. J'ai joué du piano et j'ai rencontré un nouveau copain, Sylvain, qui joue du saxo.

| Charlotte | Rebecca |
| Véronique | Patricia |

4c Discutez. Choisis une petite copine pour Gérard.
Exemple: Il ne peut pas sortir avec ... parce qu'elle ...
Il pourrait sortir avec ... parce qu'elle fait/aime/n'aime pas ...

4d Quelle sorte de personne est Sylvestre? Choisis une petite copine pour Sylvestre.

Sylvestre est ... Il aime ... il n'aime pas ...
Pour Sylvestre, j'ai choisi ... parce qu'elle est ... elle aime ... et n'aime pas ...

Sylvestre

5 Choisis un thème et prépare ton site web.

Qui suis-je?   Ma famille   Ma ville   Mes copains/copines

Mots

Ma famille	*My family*
mon frère	*my brother*
mon grand-père	*my grandfather*
mon oncle	*my uncle*
mon père	*my father*
ma grand-mère	*my grandmother*
ma mère	*my mother*
ma sœur	*my sister*
ma tante	*my aunt*
mes grands-parents	*my grandparents*
mon demi-frère	*my half brother*
ma demi-sœur	*my half sister*
son père/frère	*his/her father/brother*
sa mère/sœur	*his/her mother/sister*
ses grand-parents	*his/her grandparents*

Les professions	*Occupations*
Il/Elle est …	*He/She is a …*
coiffeur(euse)	*hairdresser*
cuisinier(ière)	*chef*
étudiant(e)	*student*
graphiste	*graphic designer*
infirmier(ière)	*nurse*
informaticien(ienne)	*computer scientist*
maçon	*builder*
mécanicien(ienne)	*mechanic*
médecin	*doctor*
menuisier	*carpenter*
Il/Elle travaille à son compte.	*He/She is self-employed.*
Il/Elle est au chômage.	*He/She is unemployed.*

À la maison	*At home*
un appartement	*flat*
un balcon	*balcony*
un immeuble	*block of flats*
une maison	*house*
un quartier calme	*a quiet area*
au premier étage	*on the first floor*
au deuxième étage	*on the second floor*
au rez-de-chaussée	*on the ground floor*
au sous-sol	*in the basement*

Les pièces	*Rooms*
la chambre	*bedroom*
le coin-repas	*dining area*
la cuisine	*kitchen*
la douche	*shower*
la salle à manger	*dining room*
la salle de bains	*bathroom*
la salle de jeux	*games room*
le salon	*lounge*
Je partage ma chambre avec …	*I share my room with …*
Nous habitons (un appartement).	*We live in (a flat).*
Nous y habitons depuis (3) ans.	*We have lived here for (3) years.*
Nous avons …	*We have …*
Nous mangeons dans (la cuisine).	*We eat in the (kitchen).*
Nous dormons au (deuxième étage).	*We sleep on (the second floor).*
Nous regardons la télé dans (le salon)	*We watch TV in (the lounge)*

Qu'est-ce qui ne va pas?	*What is wrong?*	**Mettons la table**	*Let's set the table*
J'ai faim/soif.	*I'm hungry/thirsty.*	l'assiette (*f*)	*plate*
J'ai froid/chaud.	*I'm cold/hot.*	la bouteille d'eau	*bottle of water*
J'ai mal à la tête.	*I have a headache.*	le bol	*bowl*
Je suis fatigué(e).	*I'm tired.*	le couteau	*knife*
J'ai oublié …	*I've forgotten …*	la cuillère	*spoon*
J'ai besoin de …	*I need …*	la petite cuillère	*teaspoon*
Avez-vous des aspirines/un pull/ une serviette/ du shampooing?	*Have you got some aspirin/a jumper/a towel/some shampoo?*	la fourchette	*fork*
		le poivre	*pepper*
		le sel	*salt*
		la soucoupe	*saucer*
Est-ce que je peux …	*Can I … ?*	la tasse	*cup*
aller au lit?	*go to bed?*	La bouteille d'eau est …	*The bottle of water is …*
avoir un sandwich?	*have a sandwich?*		
prendre une douche?	*have a shower?*	Les couteaux sont … dans le frigo/ lave-vaisselle/ placard/tiroir sur la table	*The knives are … in the fridge/ dishwasher/ cupboard/drawer on the table*
Est-ce que tu peux aider?	*Can you help?*		
Est-ce que tu peux …	*Can you …*		
débarrasser la table?	*clear the table?*		
faire les lits?	*make the beds?*	Il me faut …	*I need …*
mettre la table?	*set the table?*	Il te faut …	*You need …*
passer l'aspirateur?	*hoover?*		
ranger les affaires?	*tidy up?*		
sortir la poubelle?	*take out the rubbish?*		
vider le lave-vaisselle?	*empty the dishwasher?*		

MODULE 3 PROGRAMME DE LA VISITE

1 Le week-end

Talking about what you are going to do on your visit to France

1a Lis et écoute.

- Qu'est-ce que je vais faire demain, Delphine?
- Bon demain, c'est samedi et tu vas rester 'en famille', c'est-à-dire que tu vas rester avec moi. D'abord tu vas faire les magasins, puis tu vas retrouver les autres et on va déjeuner au snack ensemble.
- Et l'après-midi?
- À deux heures et demie tu vas jouer au volley au terrain de sport du collège.
- Et le soir?
- Le soir il y a une boum chez Mélissa. Elle a un grand jardin, et son père va faire un barbecue.
- Cool! Et dimanche?
- Dimanche, c'est toujours 'en famille'. Le matin tu vas faire la grasse matinée.
- La grasse matinée, qu'est-ce que c'est?
- Tu restes au lit jusqu'à dix heures et puis tu prends le petit déjeuner vers onze heures.
- Et après le petit déjeuner?
- Puis tu vas aller chez mes grands-parents avec moi.
- Où habitent-ils?
- Ils habitent à la campagne. Tu vas déjeuner chez eux. Après le déjeuner tu vas faire une balade à vélo avec moi. Tu aimes faire du vélo?
- Oui, j'aime bien.

```
samedi:
matin:        en famille
après-midi:   14h30 - volley-ball,
              au terrain de sport
soir:         libre

dimanche:     une boum

lundi:        8h00 - départ du
              collège pour aller...
```

1b C'est quel jour? C'est le matin, l'après-midi ou le soir?
Which day is it? Is it morning, afternoon or evening?

A B  C  D  E  F  G

1c Qu'est-ce que tu vas faire en France ce week-end?
À deux. Interviewe ton/ta partenaire.
What will you do in France this weekend?

- ● Qu'est-ce que tu vas faire samedi matin?
- ● Samedi matin je vais rester en famille … etc.
- ● Qu'est-ce que tu vas faire samedi après-midi?
- ● …

Le détective

Talking about what you are going to do.
You use the same expression as in English:
aller *(to go)* + infinitive
Je vais (jouer au tennis).   *I am going (to play tennis).*
Tu vas (faire du vélo).   *You are going (to go cycling).*
Il/Elle va (jouer au tennis).   *He/She is going (to play tennis).*

Pour en savoir plus ➡ page 140, pt 1.6

2a Qu'est-ce que Ian va faire? Copie et complète la grille.
What is Ian going to do? Copy and fill in the grid.

A **B**  **C**  **D**

E  **F**  **G**  **H**

samedi			dimanche		
matin	après-midi	soir	matin	après-midi	soir

2b Écris un résumé pour Ian.

Samedi il va se lever à … et puis il va … etc.

faire du canoë
prendre le petit déjeuner
faire du vélo
déjeuner
faire un pique-nique
jouer au football
jouer aux jeux vidéo
visiter un château

quarante-sept 47

2 On va ...

Talking about where you are going to go

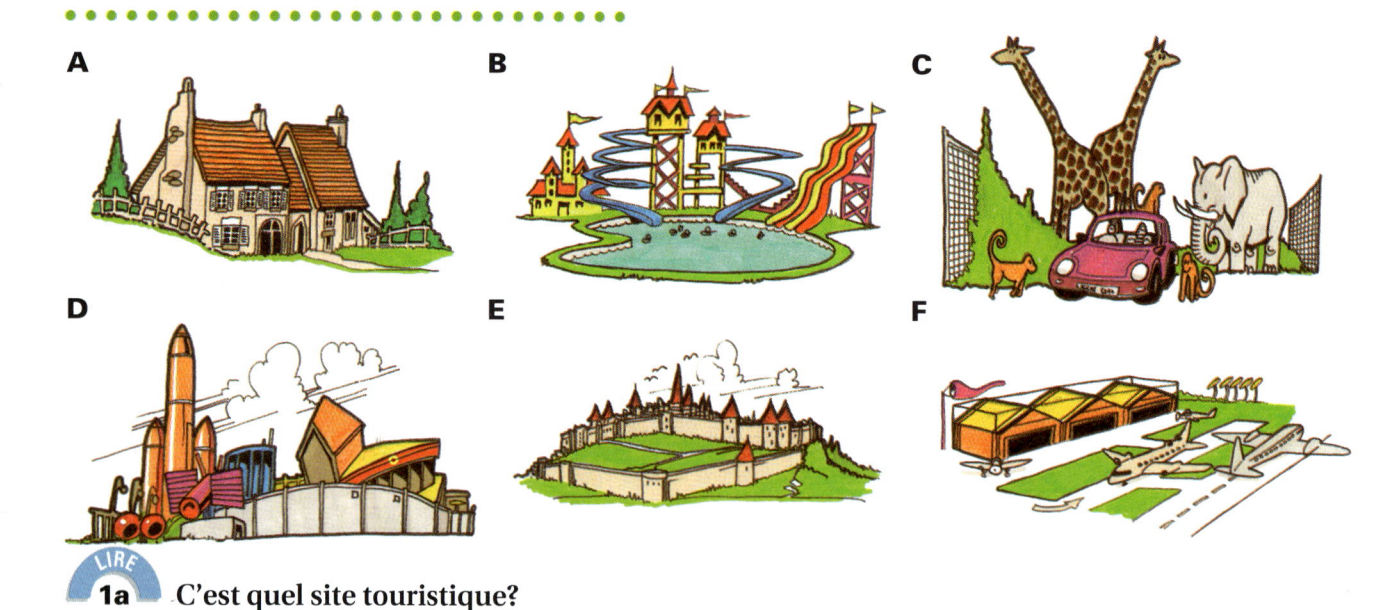

A B C

D E F

1a C'est quel site touristique?

1
Un parc aquatique dans une ambiance tropicale, avec toboggans vertigineux, piscines à vagues, kamikase, etc.

2
Une découverte de l'espace interactive et originale avec Planétarium, parc Ariane 5, et sa salle d'exposition. Comment lance-t-on une fusée? Comment est fait un satellite?

3
Le plus grand site aéronautique d'Europe. Un tour extérieur en bus, un film documentaire et une vue du hall où sont assemblés les AIRBUS.

4
Authentique ferme du XIXe siècle. Vous êtes invité à découvrir la vie de nos arrière-grands-parents. Reconstitution d'une cuisine-chambre d'autrefois, sa cheminée, son lit, sa vaisselle et son linge.

5
Une réserve africaine sur 15 hectares. La visite se fait en voiture ou en car. Il y a près de 450 animaux à découvrir.

6
La plus grande ville fortifiée d'Europe. Elle compte 52 tours sur 3 km de remparts.

1b Lis et trouve.

Find the words and phrases which mean the following:
1 in a tropical environment
2 swimming pools with waves
3 discovery of space
4 rocket
5 the largest aeronautical site
6 a tour of the exterior
7 an authentic farm
8 the 19th century
9 an African reserve
10 city walls

1c Copie et complète le programme. Selon Patrice, c'est comment? [☺ – ☹]
Copy and complete the programme. According to Patrice, what is it like?

lundi	la Cité de l'espace	☺
mardi		

2a Lis et trouve. C'est quel site?

1 C'est un grand parc d'attractions. On va faire un tour des manèges.
2 C'est un musée où l'on visite un village de Vikings. On va faire le tour sur un petit 'train'.
3 C'est une ancienne ville fortifiée. On va marcher sur les remparts et visiter la cathédrale et les musées.
4 C'est un parc safari avec des lions, des éléphants et des girafes. On va faire la visite des animaux en car.
5 C'est un grand château. On va faire un tour avec un guide qui va nous raconter l'histoire du château.
6 C'est un centre aquatique. On va voir des poissons, des requins et des phoques.

Jorvik Viking
KNOWSLEY SAFARI
Alton Towers
Sea Life Centre
Kenilworth Castle
York Walls

2b À tour de rôle. Explique à ton corres où l'on va aller et ce qu'on va faire.
Take it in turns to explain to your penfriend where you are going and what you will do.

On va aller à …   et puis on va …

●	lundi	Jorvik	faire un pique-nique
●	mardi	York walls	aller à la piscine
●	mercredi	Knowsley	aller à une disco
●	jeudi	Sea Life Centre	manger au McDo
●	vendredi	Alton Towers	faire une balade à vélo
●	samedi	Kenilworth Castle	jouer aux cartes

3 Fais le programme pour la visite d'une classe française chez vous.
Make a programme for a French class who are visiting you.

(Lundi) on va aller	à	Londres/York/Alton Towers
	au	château/parc d'attractions/musée/centre de loisirs
	à la	piscine
Et on va faire/visiter/voir …		

quarante-neuf 49

3 Où est la poste, s'il vous plaît?

Asking where places are and how to get there

la gare routière

la librairie

la piscine

la poste

la gare

Où est …?

le cinéma

la pharmacie

la maison de Marc

1a Où est-ce?

Exemple: 1 – C'est la pharmacie.

1 Ici on peut acheter des médicaments.
2 On y va pour prendre le bus.
3 Mon copain habite ici.
4 On y va pour voir un film.
5 On y va pour nager.
6 On y va pour prendre le train.
7 On y va pour acheter des timbres.
8 Ici on peut acheter des livres et des revues.

1b Où faut-il aller? (1–8)

Exemple: 1, D, 2

A B  C  D  E  F  G  H

1 la place du marché
2 la rue Charles-de-Gaulle
3 la rue Georges-Pompidou
4 la place de la République
5 le boulevard Saint-Michel
6 la rue Gambetta
7 la rue du 14 juillet
8 la rue Henri IV

1c À deux.

● Je veux (acheter/aller à) …

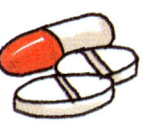

○ Où est … ?
● C'est dans la rue …/le boulevard …/sur la place …

2a Lis et trouve le bon dessin.

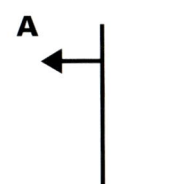

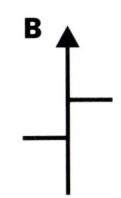

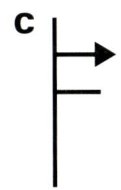

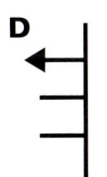

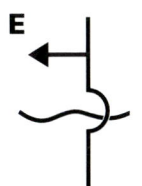

A   **B**   **C**   **D**   **E**   **F**

1. Pour aller au cinéma vous prenez la deuxième rue à droite.
2. Pour aller à la gare routière vous prenez la troisième rue à gauche.
3. Pour aller à la poste, prenez le bus.
4. Pour aller à la gare vous allez tout droit et la gare est juste devant vous.
5. Pour aller à la librairie vous traversez le pont et vous tournez à gauche.
6. Pour aller à la maison de Marc vous prenez la première rue à gauche.

2b Chez vous. Choisis quatre endroits et écris les directions pour un visiteur français.

Choose four places in your town and write down directions for a French visitor.

Exemple: *Pour aller à la poste vous prenez la deuxième rue à gauche.*

Rappel
You use the **vous** form when talking to an older person or a stranger.

Pour aller	à la gare au collège	vous prenez	la première/deuxième/troisième rue à droite/gauche
	au parc	vous allez	tout droit
	au musée	vous traversez	le pont/la place/la rue
	au supermarché	vous prenez	le bus

Mini-test   I can …
● talk about what I'm going to do
● ask how to get somewhere
● give directions

cinquante et un 51

4 Une visite chez nous

Talking about an exchange visit

Monday
All pupils to be at school for 9 a.m. French pupils leave by coach for a visit to the seaside. Return by 8 p.m.

Tuesday
All pupils to be at school for 8 a.m. for a day trip to Alton Towers. Return 8.30 p.m.

Wednesday
All pupils to be at school for 9 a.m. French pupils go on a guided tour of the town. Lunch at school. Afternoon all pupils go swimming at the sports centre.

Thursday
French pupils leave school at 8 a.m. for a day trip by train to York. Visit the cathedral and Jorvik museum. Return 8 p.m.

Friday
All pupils go to school for 9 a.m. All pupils take a picnic and go on a bike ride.

Saturday
Free time in families a.m. Sport at school (volleyball/football/tennis) in afternoon. Evening: disco in school.

Sunday
French pupils leave at 10.30 a.m.

1a C'est quel jour?
Exemple: 1 – Monday, E

1 Tu vas passer une journée au bord de la mer avec les autres. Tu vas y aller en bus et tu vas rentrer vers 20h00. Je vais aller au collège.
2 Tu vas partir du collège à 8h00 pour prendre le train pour aller à York. Tu vas visiter la cathédrale et le musée des Vikings et tu vas rentrer vers 20h00. Je vais aller au collège.
3 Le matin on va aller en ville pour faire du shopping et déjeuner en ville. L'après-midi on va faire du sport au terrain de sport, on va jouer au football, tennis ou volleyball et le soir on va aller à une disco au collège.
4 Tu vas partir du collège en car à 10h30 pour aller prendre le Shuttle.
5 On va faire une balade à vélo. On va apporter un pique-nique.
6 On va aller au collège à 8h00 et puis on va aller dans un parc d'attractions en car. On va rentrer vers 20h30.
7 On va aller au collège à 9h00 et je vais aller en cours mais tu vas aller en ville. Tu vas faire une visite guidée de la ville et on va déjeuner à la cantine. L'après-midi on va aller à la piscine. Je vais aussi à la piscine.

A   B   C   D   E   F   G

1b C'est quel jour? (1–6)

MODULE 3

2a Dis à ton corres ce qu'il va faire.
Tell your penfriend what he is going to do.

Lundi tu vas …

Mardi …

Mercredi …

Jeudi …

Vendredi …

| tu vas (aller) | you are going (to go) |
| tu vas (visiter) | you are going (to visit) |

(Lundi) tu vas	aller	au collège à 8h00
		au centre sportif/terrain de sport/bord de la mer
		à la piscine/à Londres/à Madame Tussaud/
		dans un parc d'attractions/un parc safari/un château …
	visiter	la ville/un musée/la cathédrale
	faire	une balade à vélo/du shopping/un pique-nique/du canoë
	jouer	au tennis/badminton/volley-ball/football
	déjeuner	à la cantine/chez moi/en ville/chez mon copain
	prendre	le car/le bus/le train
	rentrer	à … h
	rester	à la maison

2b La classe de Patrice va rendre visite à ton collège.
Copie et complète le programme de visite. Il faut vouvoyer!
Patrice's class are going to visit your school.
Copy and complete the programme of events using the vous *form.*

Liverpool
collège
au volley-ball
car
10h15
en ville
un parc d'attractions
plage
gare
d'art moderne

dimanche
Vous allez arriver au collège à 19h00.
lundi
Vous avez rendez-vous au (1)_____ à 9h et vous allez partir en car pour aller à la (2)_____.
mardi
Vous allez partir du collège à 8h30 en (3)_____ pour visiter le musée (4)_____.
mercredi
Vous allez jouer (5)_____ au terrain de sport et puis vous allez (6)_____.
jeudi
Vous avez rendez-vous à la (7)_____ à (8)_____ et puis vous partez en train pour aller à (9)_____.
vendredi
Vous allez visiter (10)_____ et puis vous allez faire du shopping.
samedi
Vous allez partir du collège à 15h, en car, pour rentrer en France.

cinquante-trois 53

5 *En ville*

Going shopping

1a Où peut-on acheter …?

le marchand de chaussures

LA LIBRAIRIE

la boutique

la pharmacie

LE PHOTOGRAPHE

une carte d'anniversaire
des cartes postales
des piles
une pellicule
du rouge à lèvres
du mascara
un sweat
un tee-shirt
des chaussettes
des baskets

1b À deux. Vérifiez vos réponses.

Exemple: On achète … chez le/à la …

1c C'est loin ou pas? (1–5)
Is it far away or not?

| Il faut | You have to |

C'est à 2/5/15/20/30 minutes d'ici.

On peut y aller à pied.   Il faut prendre le bus.

A   B   C   D   E

2a Jeu de rôle. Ton corres veut faire des achats.
Role-play. Your penfriend wants to buy some things.

- Je veux acheter 
- Il faut aller à Boots/Next/WHSmith/Birthday/Prontoprint.
- Où est le magasin?
- Il est en centre-ville/dans la rue … /sur la place …
- C'est loin d'ici?
- C'est à … minutes d'ici. On peut y aller à pied. /Il faut prendre le bus.

54 cinquante-quatre

2b Lis et trouve la bonne réponse.

> Pour aller à Boots, tu sors de la maison et tu tournes à gauche. Tu descends la rue du Quai sur 100 mètres et tu traverses la rue. Il y a un arrêt de bus. Tu prends le bus, direction centre-ville et tu descends à la gare routière. Tu traverses la rue et le centre commercial est devant toi. Boots est dans le centre commercial. **Dan**

1. Où se trouve Boots?
2. Il faut y aller à pied ou en bus?
3. À la maison il faut tourner à gauche ou à droite?
4. Où se trouve l'arrêt de bus?
5. Quel bus faut-il prendre?
6. Où faut-il descendre?

A à gauche
B à la gare routière
C direction centre-ville
D dans le centre commercial
E la rue du Quai
F en bus

2c Donne les directions à Philippe pour y aller. Remplis les blancs.

Next   WHSmith

1. Pour … à Next, tu … de la maison et tu … à droite. Tu montes la … jusqu'au carrefour et puis tu … la première … à gauche. Tu … sur encore 50 mètres et Next est là, devant … cinéma.

2. … aller à WHSmith, tu sors de la … , et … tournes à gauche. Tu traverses la … . Il y a un … de bus. Tu prends le … et tu … en centre-ville. Puis … montes la rue Gambetta jusqu'aux feux et tu … la deuxième … à droite. Le magasin … là, en face … la pharmacie.

de	aller	rue	arrêt
descends	prends	rue	maison
tournes	sors	le	Pour
rue	tu	prends	bus
descends	tu	est	rue

cinquante-cinq 55

Bilan et Contrôle révision

I can …
- *name the days of the week* — lundi, mardi, mercredi, jeudi, vendredi, samedi, dimanche
- *name times of day* — le matin, l'après-midi, le soir

I can …
- *ask what you are going to do* — Qu'est-ce qu'on va faire (samedi matin)?
- *talk about what you are going to do* — Tu vas aller à un parc d'attractions/un parc safari/un château.
Tu vas visiter la ville/un musée/la cathédrale.
Tu vas faire une balade à vélo, etc.
Tu vas jouer au tennis/badminton, etc.
Tu vas déjeuner à la cantine/chez moi
Tu vas prendre le car/le bus/le train.
Tu vas rentrer à … h.
Tu vas rester à la maison.

I can …
- *name shops* — la pharmacie, le marchand de chaussures, la boutique, la librairie, le photographe
- *… and things you can get in them* — des piles, du rouge à lèvres, une carte d'anniversaire, un tee-shirt

I can …
- *name places in a town* — la gare routière, la librairie, la piscine, la poste, la gare, le cinéma, la pharmacie
- *… and ask where they are* — Où est …?
- *… and tell someone where they are* — C'est dans la rue … sur la place …/le boulevard …
- *say how to get there* — Pour aller au cinéma …
vous prenez la première/deuxième rue à gauche/droite
vous allez tout droit
vous traversez le pont/la place/la rue
vous prenez le bus.
- *ask if it is far* — C'est loin d'ici?
- *… and say how far it is* — C'est à (cinq) minutes d'ici. On peut y aller à pied/Il faut prendre le bus.
- *give directions to a friend* — Tu sors de la maison et tu tournes à gauche/droite.
Tu descends/montes la rue jusqu'au carrefour/jusqu'à l'arrêt de bus/jusqu'aux feux.

1 Qu'est-ce que tu vas faire? Copie et complète le programme (pour le matin, le midi, l'après-midi et le soir).

	samedi	dimanche
matin		

2 Où vont-ils? Copie et complète le programme.

	journée	soir
lundi		

Vendredi on va visiter le château Malmasson et le soir on va jouer au foot ou au volley-ball.

Lundi, on va au parc safari pour voir des lions, et le soir on va manger dans un restaurant.

Mardi on va faire un tour en car et visiter une ville fortifiée. Le soir on va aller à la piscine.

Mercredi on va au Lac Bleu pour faire du canoë et se baigner. Le soir on va faire un barbecue au bord du lac.

Jeudi on va au musée La Ferme et le soir on va faire une balade à vélo.

3 À deux. Jeu de rôle.

- Où est (la poste/la banque etc.)?
- (La poste) est à (2/10/15/20/30) minutes d'ici.
- Vous (prenez/traversez …)

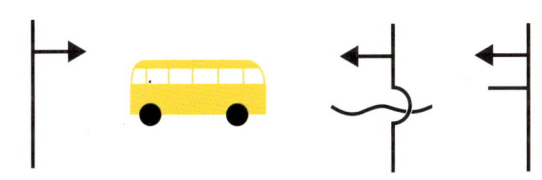

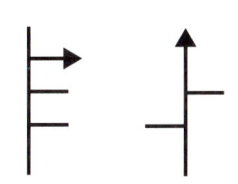

4 Écris des directions.

1 Pour aller [image] vous prenez [image].

2 Pour aller [image] vous prenez [image].

3 Pour aller [image] vous prenez [image].

4 Pour aller [image] vous allez [image].

5 Pour aller [image] vous traversez [image].

Grammaire

1 Talking about what you are going to do

In French you use the same expression as in English, e.g.

I am going to read – **aller** (to go) + infinitive (to read) – **Je vais lire**.

Je vais jouer au tennis. *I am going to play tennis.*
Tu vas faire du vélo. *You are going to ride your bike.*
Il/Elle va jouer au tennis. *He/She is going to play tennis.*

1 How would you say I am going to do these things?

A   B   C   D   E

2 How would you tell someone 'you' are going to do these things?

A   B   C   D   E

3 How would you say that 'he/she' is going to do these things?

A   B   C   D   E

If you are talking to more than one person you use the **vous** form, **vous allez**.

4 Tell your French class what they are going to do: **Vous allez** …

A   B   C   D   E

2 How to say 'to the'

Masc.	Fém.	Plur.
au (à l')	à la (à l')	aux

Remember that you use **l'** before words which begin with a vowel or a silent 'h'.

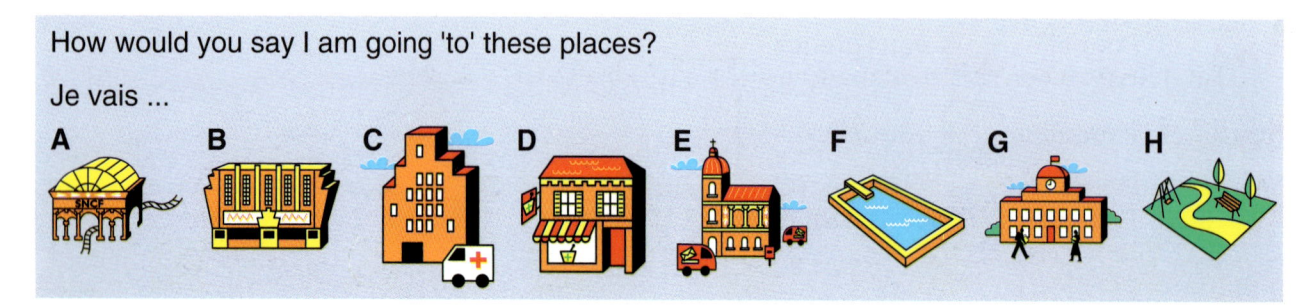

How would you say I am going 'to' these places?

Je vais …

A   B   C   D   E   F   G   H

58 cinquante-huit

3 Giving directions

Tutoyer: when you talk to someone you know well you use the **tu** form.

Vouvoyer: when you talk to a stranger or someone older you use the **vous** form.

tu form	vous form
tu prends	vous prenez
tu vas	vous allez
tu tournes	vous tournez etc.

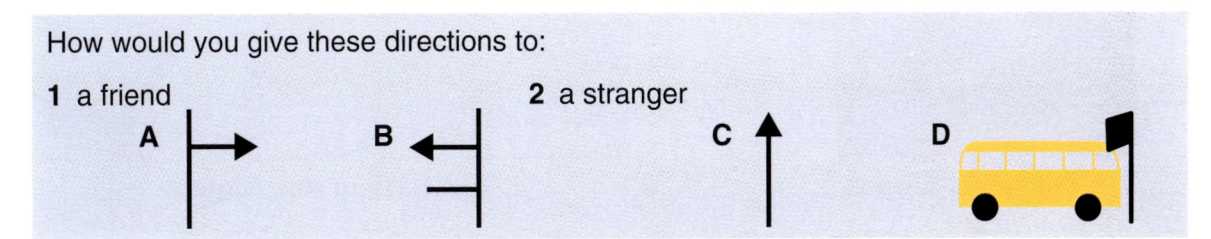

How would you give these directions to:

1 a friend   **2** a stranger

A   B   C   D

4 Saying where you have been and what you have done

Samedi je suis allé(e) en ville et j'ai fait/vu/joué/nagé …

You use the perfect tense to talk about the past. In French this is called the **passé composé** because it is 'composed' of two parts: the auxiliary (**avoir** or **être**) and the past participle.

auxiliary	*past participle*	
J'ai	acheté.	*I bought. I have bought.*
J'ai	vu.	*I saw. I have seen.*
Je suis	allé(e).	*I went. I have been.*
Je suis	resté(e).	*I stayed (at home). I have stayed.*

Tip: When you are writing you have to remember to make the past participle 'agree', but when you are speaking you can't hear the difference e.g. **Il est allé; Elle est allée**.

How would you say you went to town and you…

A   B   C   D   E   F

5 Giving an opinion

C'était hyper cool/ super/ génial/ intéressant/pas mal/nul/fatigant

How was it?

A   B   C   D   E   F

cinquante-neuf

En plus *Une excursion*

Saying where you have been and what you have done

la Vallée des Singes

le Château des Aigles

Parc de Loisirs des Petites Minaudières

le Futuroscope

l'Île aux Serpents

1a C'est quelle attraction? Trouve l'image qui correspond.

1. C'est un château avec un parc où l'on peut voir de grands oiseaux.
2. C'est un parc zoologique où l'on peut voir des singes et des chimpanzés.
3. C'est un parc d'attractions futuriste avec un cinéma Imax et un planétarium.
4. C'est un parc zoologique où l'on peut voir des crocodiles et des serpents.
5. C'est un parc aquatique où l'on peut nager et jouer au volleyball.

1b Où sont-ils allés? C'était comment? Écoute et remplis l'agenda (lundi–vendredi).
Where did they go and what was it like? Listen and fill in the grid for Monday–Friday.

	Où?	C'était comment?
lundi		

1c Imagine que tu es allé(e) avec eux.
Raconte où tu es allé(e) et ce que tu as fait.
Imagine that you went with them.
Write down where you went and what you did.

(Lundi) je suis allé(e) à …

et j'ai fait/vu/joué/nagé …

C'était hyper cool/super/génial/ intéressant/nul/pas mal.

1d Fais ton agenda.
lundi: *Je suis allé(e) … et j'ai … C'était …*

2a Où est-elle allée? C'était quel jour?
Where did she go? What day was it?

Exemple: 1, mardi, Caernarvon

Monday Llandudno

Tuesday Caernarvon

Wednesday Portmeirion

Thursday le parc régional de Snowdonia

Friday Anglesey

1 Aujourd'hui je suis allée à … J'ai visité le château.
   C'était cool.
2 Aujourd'hui je suis allée dans … et j'ai fait une longue randonnée.
   C'était fatigant.
3 Aujourd'hui je suis allée à … et j'ai nagé dans la mer.
   L'eau était froide!
4 Aujourd'hui je suis allée à …
   C'est une ville en style italien au bord de la mer.
   C'était génial.
5 Aujourd'hui je suis allée sur l'île d'… et j'ai fait une balade à vélo.

soixante et un

2b On est allés à Llandudno. C'était comment? (1–7)

| génial | cool | intéressant | pas mal | fatigant | nul | bof |

3 À deux. Jouez.

Je suis allé(e) à Blackpool et j'ai …

fait un tour des manèges
fait du shopping
visité la tour
joué au volley-ball
nagé
rencontré un nouveau copain/une nouvelle copine
mangé au McDo/au snack/au restaurant
bu un coca/jus d'orange etc.

4a Les heures d'ouverture. Lis. Copie et complète la grille.

Supermarché
Le supermarché reste ouvert toute la journée chaque jour de 8h00 à 19h30, sauf le dimanche.

Boulangerie
Heures d'ouverture:
lun, mer-sam 7h30–12h30; 14h30–19h30
dim 7h30–12h00
fermé le mardi

Le centre commercial est ouvert
lundi-vendredi 8h00–12h et 14h30 à 19h30
samedi 8h30–17h00
dimanche fermé

Banque
Heures d'ouverture:
mar.-ven. 8h00–12h00; 14h00–18h00
sam. 8h00–12h00

heures d'ouverture	lundi	mardi	mercredi	jeudi	vendredi	samedi	dimanche
centre commercial							
supermarché							
banque							
boulangerie							

MODULE 3

4b Ils ouvrent et ferment à quelle heure? Copie et complète la grille.
What time do they open and shut? Copy and fill in the grid.

	le centre de loisirs	la piscine	la salle de gymnastique	le terrain de sport
lundi				
mardi				

4c Jeu de rôle. Explique les heures d'ouverture à ton corres.
Role-play. Explain the opening hours to your penfriend.

- ● (Le centre de loisirs) (ouvre/ferme) à quelle heure?
- ● (Le centre de loisirs) (ouvre/ferme) à …

5 Choisis cinq magasins à recommander à ton corres.
Choose five shops to recommend to a penfriend.

soixante-trois 63

Mots

Le week-end	*The weekend*	**Pour aller …**	*To get to …*
Le matin	*In the morning*	Où est …?	*Where is … ?*
L'après-midi	*In the afternoon*	le cinéma	*cinema*
Le soir	*In the evening*	la gare	*station*
Je vais …	*I am going to …*	la gare routière	*bus station*
Tu vas …	*You are going to …*	la librairie	*book shop*
Il/Elle va …	*He/she is going to …*	la maison de Marc	*Marc's house*
On va …	*We are going to …*	la pharmacie	*chemist*
faire une balade à vélo	*go for a bike ride*	la piscine	*swimming pool*
faire la grasse matinée	*have a lie in*	la poste	*post office*
jouer au tennis	*play tennis*	C'est loin d'ici ?	*Is it far from here ?*
rester en famille	*spend time with the family*	C'est à … minutes d'ici.	*It's … minutes from here.*
faire du canoë	*go canoeing*	C'est dans la rue …/ sur la place… /sur le boulevard …	*It's in … street/in … square/… boulevard*
jouer au football	*play football*		
déjeuner	*have lunch*	Vous prenez la première/deuxième/ troisième rue	*Take the first/second/ third street*
faire un pique-nique	*go on a picnic*		
faire du vélo	*ride a bike*		
prendre le petit déjeuner	*have breakfast*	à gauche/à droite	*on the left/on the right*
jouer aux jeux vidéo	*play video games*	Vous allez tout droit.	*Go straight on.*
visiter un château	*visit a castle*	Prenez le bus.	*Take the bus.*
		Vous tournez à gauche.	*Turn left.*
On va …	*We are going to …*	Vous traversez le pont/ la place/la rue.	*Cross the bridge/ square/street*
aller au château/ musée/parc d'attractions	*go to the castle/ museum/theme park*	… est juste devant vous	*… is right in front of you*
à la piscine	*go to the swimming pool*		
faire un tour	*do a tour*		
marcher sur les remparts	*walk on the walls*		
visiter la cathédrale	*visit the cathedral*		
voir des poissons	*see the fish*		

MODULE 3

On va faire …	*We are going to …*	**En ville**	*In town*
aller …	*go …*	des baskets (f pl)	*trainers*
déjeuner	*have lunch*	une carte d'anniversaire/postale	*birthday card/ postcard*
jouer …	*play …*	des chaussettes (f pl)	*socks*
prendre le bus/car	*go by bus/coach*	le mascara	*mascara*
rentrer à … h	*come home at … o'clock*	une pellicule	*film*
rester à la maison	*stay at home*	une pile	*battery*
faire un pique-nique	*go on a picnic*	le rouge à lèvres	*lipstick*
aller à la piscine	*go to the swimming pool*	le sweat	*sweatshirt*
aller à une disco	*go to a disco*	le tee-shirt	*T-shirt*
manger au McDo	*go to McDonalds*	Pour acheter … il faut aller …	*To buy … you need to go to …*
faire une balade à vélo	*go for a bike ride*	la boutique	*clothes shop*
jouer aux cartes	*play cards*	la pharmacie	*chemist*
		le marchand de chaussures	*shoe shop*
Les jours de la semaine	*Days of the week*	le photographe	*camera shop*
lundi	*Monday*	On peut y aller à pied.	*You can walk there.*
mardi	*Tuesday*	Il faut prendre le bus.	*You go there by bus.*
mercredi	*Wednesday*	Tu sors de la maison …	*You go out of the house …*
jeudi	*Thursday*		
vendredi	*Friday*	… et tu tournes à gauche.	*… and turn left.*
samedi	*Saturday*	Tu descends la rue sur … mètres.	*Go down the road for … metres.*
dimanche	*Sunday*	Tu traverses la rue.	*Cross the road.*
		Tu prends le bus.	*You take the bus.*
		… est en face/là.	*… is opposite/there.*

soixante-cinq 65

MODULE 4 LA FORME!

1 Tu gardes la forme?

Talking about keeping fit

Que fais-tu?

Je fais…

- A du jogging
- B de la musculation
- C du cyclisme 
- D de la danse 
- E de l'aérobic 
- F de la natation
- G du yoga 
- H du taï-chi 
- I Je ne fais rien

1a Écoute et répète. Attention à la prononciation! (A–I)

1b Que font-ils pour garder la forme? (1–8) *What do they do to keep fit?*

Mathieu   Julie   Guillaume   Axel   Valentin   Fatima   Christelle   Aurélie

2a Que font-ils? Quand?
Copie et complète la grille.

nom	activité	quand?

J'en fais …	I do (it) …
de temps en temps	from time to time
souvent	often
tous les jours	every day
une/deux fois par semaine	once/twice a week
le (mercredi) matin	on (Wednesday) mornings
le (samedi) après-midi	on (Saturday) afternoons
le (dimanche)	on (Sundays)

Je fais du yoga deux fois par semaine. J'en fais parce que ça détend, et je fais de la natation de temps en temps parce que c'est bon pour la santé. **Michaël**

Pour garder la forme je fais du jogging. J'en fais deux fois par semaine, le mercredi et le samedi, et je fais de la natation de temps en temps parce que j'aime et que c'est bon pour la santé. **Louise**

Je fais de la musculation parce que c'est bon pour la santé. J'en fais trois fois par semaine et je fais du taï-chi le mercredi soir parce que ça me détend. **Bénédicte**

Je fais de la danse. J'en fais deux fois par semaine, le mercredi et le samedi et je fais de l'aérobic tous les jours. J'aime la danse et ma petite copine en fait aussi. **Alain**

66 soixante-six

Le détective

How to say you don't do sport:
Je **ne** fais **pas** de sport.   *I don't do any sport.*
Je **n'**en fais **jamais**.   *I never do it.*
Je **ne** fais **rien**.   *I don't do anything.*

Pour en savoir plus ➡ page 142, pt 1.8

2b Un sondage. Que font-ils? Combien de fois par semaine? Écoute et note. (1–8)
A survey. Listen and note down what they do and how many times a week they do it.

3a Interviewe cinq personnes.

- Que fais-tu pour garder la forme?
- Je fais … /Je ne fais rien.
- Tu en fais combien de fois par semaine?
- J'en fais … par semaine.

3b Que font-ils pour garder la forme? Copie et complète.

Exemple: Margaux fait du jogging deux fois par semaine.

Margaux	2×
Serge	2×
Julie	5×
Maëlle	2×
Joël	3×
Coralie	7×

3c Et toi? Que fais-tu?

Je fais …/J'en fais …/Je ne fais rien.

soixante-sept 67

2 Bougez!

An exercise programme; telling someone what to do

Dix minutes d'activité physique quatre fois par jour pour une vie active saine!

Commencez!
1. Levez-vous!
2. Tenez-vous droit, baissez les épaules, regardez devant vous.
3. Tendez les bras devant vous. Respirez.
4. Baissez les bras, doucement, et détendez-vous.
5. Baissez la tête, et fermez les yeux.
6. Pliez les jambes.
7. Touchez-vous les doigts de pied avec les mains.
8. Ouvrez les yeux, tenez-vous droit, respirez, détendez-vous, souriez …
9. Et asseyez-vous.

1a Écoute et fais les exercices.
Listen to the instructions and do the exercises.

1b Trouve l'image qui correspond à chaque instruction.
Find the correct picture for each instruction.

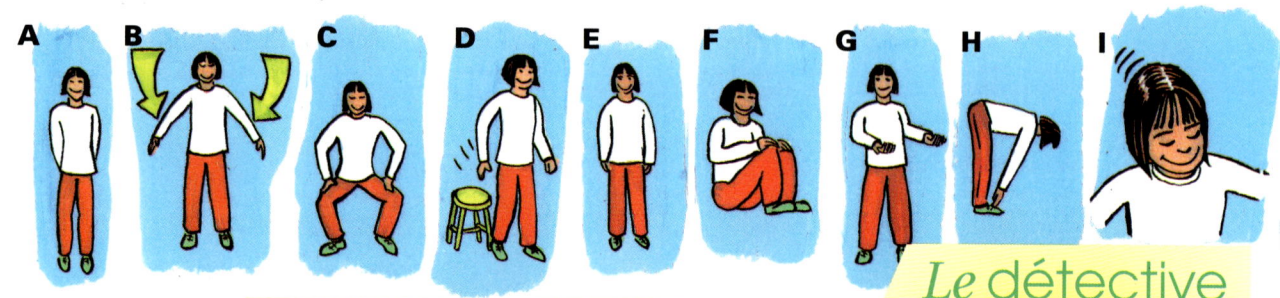

A B C D E F G H I

Le détective

Giving instructions

When you are giving instructions to a group of people you use the *vous* form e.g. baissez, levez, écoutez, ouvrez … without the *vous*.

Some verbs keep the *vous* when talking about 'yourself/yourselves' e.g. touchez le livre – *touch the book*, but touchez-vous le nez – *touch your nose*

Here are some more:
asseyez-vous	sit (yourself) down
levez-vous	get (yourself) up
taisez-vous	be quiet (shut (yourself) up)

Pour en savoir plus ➡ page 140, pt 1.5

MODULE 4

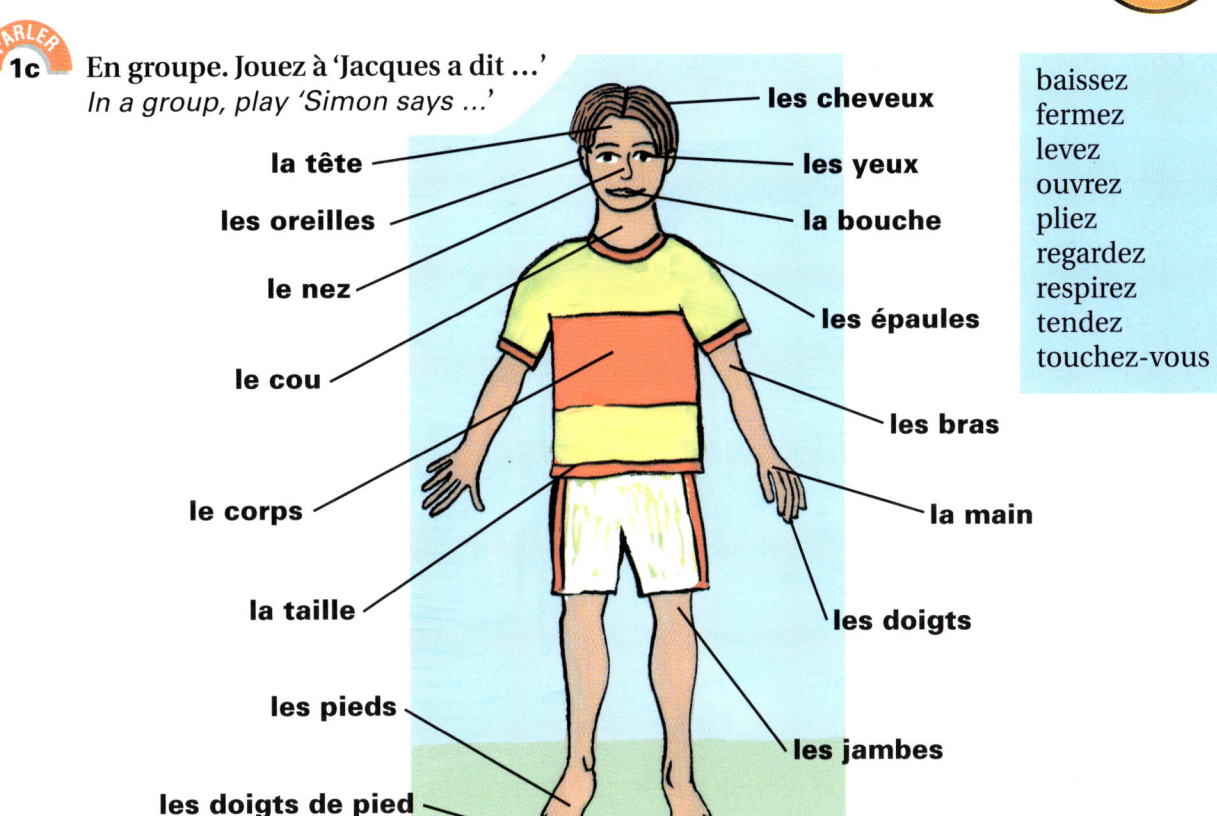

1c En groupe. Jouez à 'Jacques a dit …'
In a group, play 'Simon says …'

- les cheveux
- la tête
- les yeux
- les oreilles
- la bouche
- le nez
- les épaules
- le cou
- les bras
- le corps
- la main
- la taille
- les doigts
- les pieds
- les jambes
- les doigts de pied

baissez
fermez
levez
ouvrez
pliez
regardez
respirez
tendez
touchez-vous

1d Qu'est-ce que Jacques a dit?

Exemple: A – Fermez les yeux.

A   B   C   D   E   F

2a Écoute les instructions et choisis l'image qui correspond.

A   B   C   D   E   F   G   H   I   J

2b Copie et complète les instructions avec le verbe qui manque.
Copy and complete the instructions with the missing verb.

1 … dans la salle de classe. (entrer)
2 … .(s'asseoir)
3 … votre livre. (ouvrir)
4 … la cassette. (écouter)
5 … le texte. (lire)
6 … après la cassette. (répéter)

Asseyez-vous   Répétez
Écoutez   Ouvrez
Entrez   Lisez

soixante-neuf 69

3 Bonne cuisine, bonne mine

Talking about healthy eating

1a Trouve le bon mot pour chaque photo.

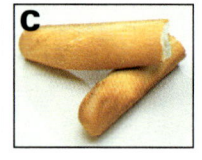

le pain
les pommes de terre
le gâteau
le jambon
le lait
le poulet
les pâtes
les pêches
les biscuits
le fromage

1b À deux. Trouvez deux autres aliments pour chaque liste au-dessous (exercice 1c).

1c Copie la liste et mets ces aliments dans la bonne colonne.

produits laitiers	viandes	légumes	fruits	céréales	sucreries

les frites	le chocolat chaud	les pommes de terre	les bonbons	le gâteau
une pizza	le poulet	la salade	le yaourt	le poisson
les cornflakes	le riz	le bœuf	les chips	le couscous
un kit-kat	les pâtes	le lait	le pain	le fromage
les biscuits			une tartine	le jambon

1d Écoute et vérifie.

2a Lis le texte page 71. Qu'est-ce qu'ils mangent et boivent?
Copie et complète la grille.
Read the text on page 71. What do they eat and drink? Copy and fill in the grid.

	laitiers	viande	légumes/fruits	céréales	sucreries		autre
Lucille mange/boit	du lait						

70 soixante-dix

Pour le petit déjeuner je mange des cornflakes avec du lait et je bois du chocolat chaud. À midi je mange des frites et un biscuit. Pour le goûter je mange un biscuit ou du gâteau et je bois du coca. Pour le dîner je mange de la pizza ou des pâtes et je bois de l'eau. **Lucille**

Je ne mange pas de petit déjeuner. À la récré je mange des chips et un biscuit et je bois du coca. À midi je mange des frites et un fruit. Pour le dîner je mange des pâtes ou du riz avec de la sauce et du pain avec du fromage et je bois de l'eau. **Marc**

Pour le petit déjeuner je mange deux tartines, et je bois du lait. À la récré je mange une tablette de chocolat ou un kit-kat. À midi je mange un paquet de chips ou des biscuits. Pour le dîner je mange des pâtes ou du couscous, du jambon, du fromage et du pain et une mousse au chocolat. Je bois du lait froid. **Noémie**

2b Trouve le bon conseil pour Lucille, Marc et Noémie.
Find the correct advice for Lucille, Marc and Noémie.

1. Il ne faut pas sauter* le petit déjeuner et tu ne manges pas assez de produits laitiers ou de viande. Tu manges trop de* sucreries, ce n'est pas bon pour la santé.
2. Tu manges trop de chocolat. Il ne faut pas manger trop de sucreries et de chips.
3. Il faut manger plus de* fruits et de légumes. Tu manges trop de* céréales et tu ne manges pas assez de* fruits frais.

Rappel
In French you use 'some' when talking about what you eat and drink.

Je mange des frites. *I eat (some) chips.*

Masc.	Fem.	Plural
du (de l')	de la (de l')	des

*sauter	to skip/miss out
*trop de	too much
*pas assez de	not enough
*plus de	more

3 Écris-leur un conseil.

Maurice, tu manges trop de (chocolat) … il faut manger plus de …
Mélissa, tu ne manges pas assez de … il faut manger plus de …

Rappel
il faut	you must
il ne faut pas	you mustn't

Et toi? *Je mange trop de … Je ne mange pas assez de …*

Mini-test — I can …
- say what I do to keep fit
- say how often I do it
- give instructions
- talk about healthy food
- and give advice about healthy food

soixante et onze 71

4 Dix conseils pour garder la forme

Giving advice about healthy living

1a Trouve l'image qui correspond.

1 Mangez sainement.
2 Buvez 2 à 3 litres d'eau par jour.
3 Faites du sport.
4 Marchez davantage.
5 Ne fumez pas.
6 Couchez-vous de bonne heure.
7 Ne passez pas trop de temps devant la télévision.
8 Passez plus de temps en plein air.
9 Ne passez pas trop de temps au soleil.
10 Protégez-vous quand vous faites du sport.

Le détective

*Telling someone to do something using the **vous** form:*
Use the **vous** form of the present tense without the **vous**.

Ouvrez la porte.   *Open the door.*
Faites du sport.   *Do some sport.*

Remember that some verbs keep the **vous** when talking about yourself/yourselves.

Pour en savoir plus ➡ page 140, pt 1.5

1b Trouve le conseil qui correspond.

Exemple: A, 6 – *Couchez-vous de bonne heure.*

A Je ne me couche pas avant dix heures et demie.
B Je ne sors jamais. Je préfère rester à la maison et lire un bon livre.
C Je ne porte jamais de casque quand je fais du VTT.
D J'adore me faire bronzer.
E Je bois du coca et du fanta mais je déteste l'eau.
F Je regarde la télé jusqu'à dix heures du soir.
G Je ne fais pas de sport. Je n'aime pas.
H Je fume 10 cigarettes par jour.
I Pour aller en ville je prends le bus.
J Je mange trop de chips et de frites.

1c Écoute et trouve le conseil qui correspond. (1–10)

1d C'est quel conseil?

2a Écris-leur un conseil.

Patrice   Corinne   Étienne   Clément   Dominique

Monique   Sandrine   Aurélie   Éric   Adrien

2b Fais un poster. Choisis ou invente un conseil et dessine un poster.
Choose one of the pieces of advice, or make up your own and make a poster to illustrate it.

soixante-treize

5 Portrait d'un champion

An interview with a sportsman

- ◆ Qu'est-ce qu'il faut faire pour devenir un champion?
- ■ **Pour devenir champion, il faut faire de l'entraînement, il faut manger sainement et il ne faut pas faire de bêtises*. Il faut de la discipline!**
- ◆ À quelle heure vous levez-vous?
- ■ **Normalement je me lève à six heures.**
- ◆ Que faites-vous?
- ■ **Je fais du stretching et du jogging. Je fais dix kilomètres chaque matin.**
- ◆ Et puis?
- ■ **Je prends le petit déjeuner.**
- ◆ Que mangez-vous pour le petit déjeuner?
- ■ **Je mange des céréales et une tartine avec du miel.**
- ◆ Que buvez-vous?
- ■ **Je me fais un smoothie. Je mets des fruits et des noix dans le mixer avec du lait.**
- ◆ Et après?
- ■ **Je me repose et puis je fais encore trois heures d'exercice. Je fais de la musculation et du saut à la corde*.**
- ◆ Et à midi? Que mangez-vous?
- ■ **Je mange de la viande, de la salade, du pain et du fromage et un fruit.**
- ◆ Alors qu'est-ce que vous ne mangez pas?
- ■ **Je ne mange pas de frites ni de sucreries.**
- ◆ Vous buvez du café?
- ■ **Non, je bois de l'eau.**
- ◆ Et l'après-midi?
- ■ **Je fais de l'entraînement en équipe. Nous nous entraînons ensemble et puis nous faisons un match.**
- ◆ Que faites-vous le soir? Vous regardez beaucoup la télévision?
- ■ **Non, je la regarde très peu. Je dîne, je me repose et je me couche tôt.**
- ◆ Vous fumez?
- ■ **Absolument pas. Ce n'est pas bon pour la respiration.**
- ◆ Quel conseil donnez-vous à un jeune sportif ou une jeune sportive?
- ■ **Il faut faire beaucoup d'entraînement, manger sainement, boire beaucoup d'eau et se coucher tôt. Il faut de la discipline!**
- ◆ Merci.
- ■ **Merci à vous.**

Nadir, 23 ans

| *faire des bêtises | *to do stupid things* |
| *faire du saut à la corde | *to skip* |

1a Lis et écoute.

1b Choisis la bonne réponse.

1 Nadir a (**a**) vingt-deux (**b**) vingt-trois ans.
2 Il se lève à (**a**) six heures (**b**) sept heures.
3 Il fait (**a**) du stretching (**b**) de la musculation.
4 Il fait (**a**) cinq (**b**) dix kilomètres de jogging.
5 Il fait (**a**) deux (**b**) trois heures d'exercice.
6 Il (**a**) fume (**b**) ne fume pas.
7 Il (**a**) aime regarder la télé (**b**) ne regarde pas beaucoup la télé.
8 Il se couche (**a**) tard (**b**) tôt.

1c À deux. À tour de rôle. Posez les questions et donnez les réponses.

1 Que fait Nadir? Il joue …
2 Quel âge a-t-il? Il a …
3 Que fait-il quand il se lève? Il fait …
4 Que mange-t-il pour le petit déjeuner? Il mange …
5 Que boit-il pour le petit déjeuner? Il boit …
6 Combien d'heures d'entraînement fait-il le matin? Il fait …
7 Que fait-il l'après-midi? Il fait …
8 Que fait-il le soir? Il …

2a Que font-ils? Copie et complète la grille. (1–4)

	le matin	l'après-midi	le soir
1			

2b Imagine que tu es un(e) sportif/sportive. Décris ta journée.
Imagine that you are in training. Describe your day.

Je me lève à   .

Je fais   .

Je mange   pour mon petit déjeuner.

Puis je fais   et   .

Après le déjeuner je fais   et   .

Le soir je reste   .

Je me couche à   .

soixante-quinze 75

Bilan et Contrôle révision

I can …
- *ask someone what they do to keep fit*
- *say what I (and other people) do and don't do*

- *say I don't do any exercise*
- *say he/she doesn't do any exercise*
- *say how often I exercise*

Que fais-tu pour garder la forme?
Je fais … (Je ne fais pas de …)
Il/Elle fait … du jogging/de la musculation/du cyclisme etc.
Il/Elle ne fait pas de danse, natation etc.
Je ne fais rien.
Il/Elle ne fait rien.
J'en fais de temps en temps/souvent/ tous les jours/une fois par semaine/deux fois par semaine
le (mercredi) matin/le (samedi) après-midi/ le (dimanche)/jamais

I can …
- *give someone instructions using the vous form*

bougez/commencez/baissez/fermez/levez/ouvrez/pliez/regardez/respirez/tendez
asseyez-vous/levez-vous/tenez-vous droit/détendez-vous

I can …
- *name parts of the body or face*

la tête, les yeux, le cou, la taille, les oreilles, les épaules, les jambes, la bouche, les bras, les pieds, le nez, la main, les doigts de pied, les cheveux, les doigts

I can …
- *talk about food and types of food*

- *say what I eat and drink*

- *and tell someone what they ought to do*

produits laitiers : le lait, le fromage
viandes: le jambon, le poulet
légumes et fruits: les pommes de terre, les pêches
céréales: le pain, les pâtes
sucreries: le gâteau, les biscuits
Je mange … et je bois …
Je mange trop de …
Je ne mange pas assez de …
Il faut manger/boire plus de …
Tu manges/bois trop de …
Tu ne manges/bois pas assez de …

MODULE 4

1 Que font-ils pour garder la forme? Combien de fois par semaine? (1–6)

2 Copie et remplis la grille. Que mangent-ils, que boivent-ils?

							autre
Benjamin							
Claudette							

> Pour le petit déjeuner je mange des cornflakes avec du lait et je bois du chocolat chaud. À midi je mange de la salade, un steak-frites, un yaourt et un fruit. Pour le goûter je bois du coca et je mange un paquet de chips. Au dîner je mange des pâtes avec une sauce bolognaise (tomates et viande), du pain et du fromage et je bois de l'eau. **Benjamin**

> Pour le petit déjeuner je mange un fruit, des céréales et des toasts, et je bois du lait. À midi je mange à la cantine. Aujourd'hui c'est de la salade, du poisson, des tomates, et une mousse au chocolat. Pour le goûter je mange des biscuits. Pour le dîner je mange des pâtes, du jambon, du fromage et du pain et un yaourt et une pomme. Je bois du lait froid. **Claudette**

3 Que manges et que bois-tu? Interviewe ton/ta partenaire.

- Que manges-tu pour le petit déjeuner/le déjeuner/le dîner?
- Que bois-tu pour le petit déjeuner/le déjeuner/le dîner?

4 Que mangent-ils? Donne un conseil à Florian et Corinne.

Florian mange … et boit …
Il mange trop de … Il faut manger plus de …
Corinne … Elle …

Florian   **Corinne**

soixante-dix-sept 77

Grammaire

1 How to say what you do

Je fais …

| du jogging | de la musculation | du cyclisme | de la danse | Je ne fais rien. |
| de la natation | du yoga | du taï-chi | de l'aérobic | |

How to say how often you do it:

J'en fais …
tous les jours – *every day* une/deux fois par semaine – *once/twice a week*
le (mercredi) matin – *on (Wednesday) mornings* le (samedi) après-midi – *on (Saturday) afternoons*

How to say you don't do sport:

Je ne fais pas de … – *I don't do …* Je ne fais pas de sport. – *I don't do any sport.*
Je n'en fais jamais. – *I never do it.* Je ne fais rien. – *I don't do anything.*

What do 'you' do, and when do 'you' do it?

Je fais …

A ×1   B ×7   C ×1   D ×3   E ×2   F ✗

2 How to talk about someone else

You use the **il/elle** (he/she) form.

je fais
tu fais
il/elle fait
il/elle ne fait pas de …

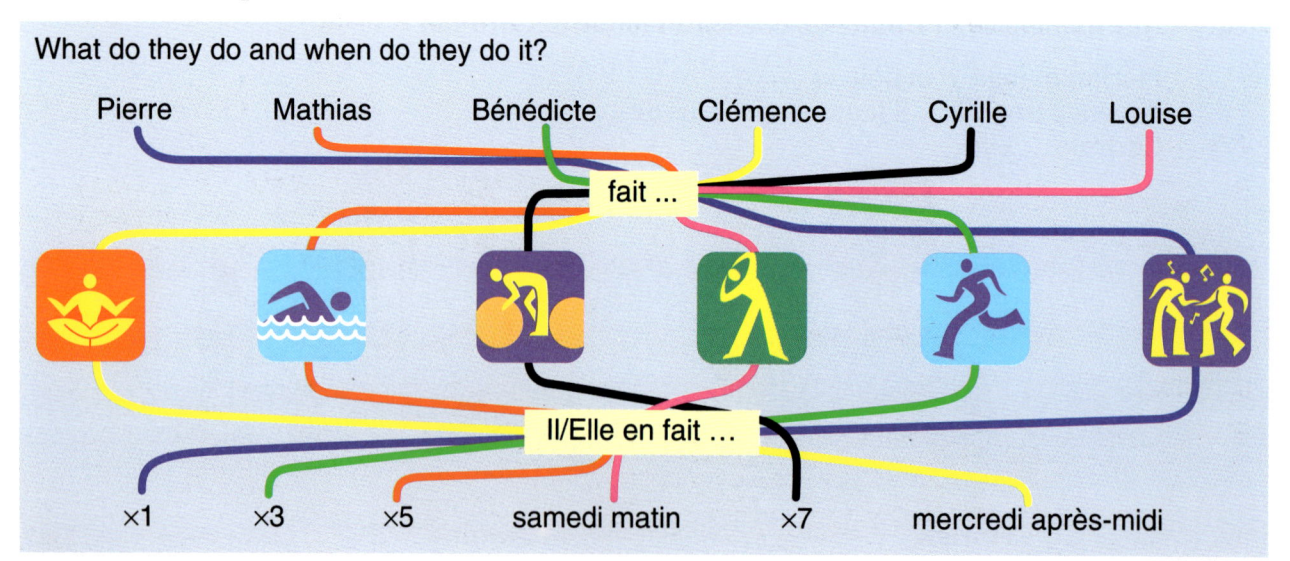

What do they do and when do they do it?

Pierre   Mathias   Bénédicte   Clémence   Cyrille   Louise

fait …

Il/Elle en fait …

×1   ×3   ×5   samedi matin   ×7   mercredi après-midi

soixante dix-huit

3 Giving instructions

When you are giving instructions to a group of people you use the **vous** form without the **vous**, e.g.

baissez, levez, écoutez, ouvrez.

Some verbs keep the vous when talking about 'yourself/yourselves'
e.g. **touchez le livre** – touch the book and **touchez-vous le nez** – touch your nose.

Here are some more verbs which keep **vous**:

asseyez-vous – *sit (yourself) down*   levez-vous – *get (yourself) up*
détendez-vous – *relax (yourself)*   taisez-vous – *be quiet [shut (yourself) up]*

What does the teacher say …

A   B   C   D   E   F   G   H   I   J

4 In French you use 'some' when talking about what you eat and drink.

e.g. Je mange des frites. *I eat (some) chips.*

Masc.	*Fém.*	*Plur.*
du (de l')	de la (de l')	des

Remember that you use **l'** before words which begin with a vowel or a silent 'h'.

1 How would you say you eat these things?

Je mange …

A   B   C   D   E   F

2 How would you say you drink these?

Je bois …

G   H   I   J

soixante dix-neuf

En plus *Ma journée*

Il faut être actif tous les jours, c'est important.

Vous passez environ dix heures au lit.

Ça vous laisse cinq heures à vous!

Vous passez sept heures au collège.

Vous passez environ une heure à table.

Vous passez vingt minutes dans la salle de bains.

Vous passez à peu près 40 minutes pour aller au collège et rentrer du collège.

1a Lis le texte et réponds.
Combien d'heures passe-t-on … ?

- au lit?
- au collège?
- en route?
- dans la salle de bains?
- à table?

Combien d'heures sont à vous?

| ça vous laisse … | that leaves you … |

1b À deux. Interviewe ton/ta partenaire.

Combien d'heures passes-tu …
- au lit?
- au collège?
- en route pour aller au collège et rentrer du collège?
- dans la salle de bains?
- à table ?

Combien d'heures sont à toi?

1c Fais un résumé.

Je passe …h au lit.
…h au collège.
…h pour aller au collège et rentrer du collège.
…h dans la salle de bain.
…h à table.
Il me reste …h heures à moi.

| il reste … | there is … left |
| il me reste … | I have … left |

80 quatre-vingts

2a Combien d'heures passent-ils au lit? Copie et complète la grille. (1–7)

	1	2	3	4	5	6	7
Il/Elle se lève à							
Il/Elle se couche à							
Nb d'heures au lit							

2b Fais un sondage de classe. Pose les questions et note les réponses.

- À quelle heure tu te lèves?
- À quelle heure tu te couches?
- Combien d'heures passes-tu au lit?

3a Il reste cinq heures … Que font-ils? Choisis les bonnes images.

Il me reste cinq heures. Je fais mes devoirs. Je fais mon lit. Je range mes affaires. Je lis des magazines. J'écoute de la musique. Je parle avec mes copains. Je joue dans la rue. Je regarde la télé. Je joue sur l'ordinateur.
Mathieu

Il me reste six heures. Je fais mes devoirs. Je joue au ping-pong avec mon frère. Je promène le chien. Je fais des courses pour ma mère. Je regarde une vidéo ou un film à la télé.
Djamila

Il me reste quatre heures et demie. Je fais mes devoirs. J'aide ma mère à la cuisine. Je mets la table. Je m'occupe de mon petit frère. Je lis des magazines.
Mélodie

Il me reste cinq heures et demie. Je joue de la guitare et je fais mes devoirs. Je fais une balade à vélo avec mes copains. On joue au football, on s'amuse, et puis je rentre et je me couche.
François

quatre-vingt-un 81

3b Et qu'est-ce qu'ils ont fait hier? Choisis les images qui correspondent. (1–4)
What did they do yesterday? Choose the correct pictures.

J'ai passé une heure au téléphone. *I spent an hour on the phone.*

3c À deux. Interviewe ton/ta partenaire.

- Qu'est-ce que tu as fait hier soir?
- J'ai …
- Et toi, qu'est-ce que tu as fait?
- J'ai …

Rappel

Saying what you have done

J'ai + past participle

J'ai fait	I have done/I did
J'ai joué	I played
J'ai écouté	I listened
J'ai regardé	I watched
J'ai lu	I read
J'ai mangé	I ate
J'ai bu	I drank
J'ai travaillé	I worked

quatre-vingt-deux

3d Qu'est-ce que tu as fait hier soir?
What did you do yesterday evening?

Hier soir, j'ai …

A B C D E F

4a Il reste cinq heures. Pendant combien de temps est-ce que Sophie a …?
There are five hours left. For how long did Sophie …?

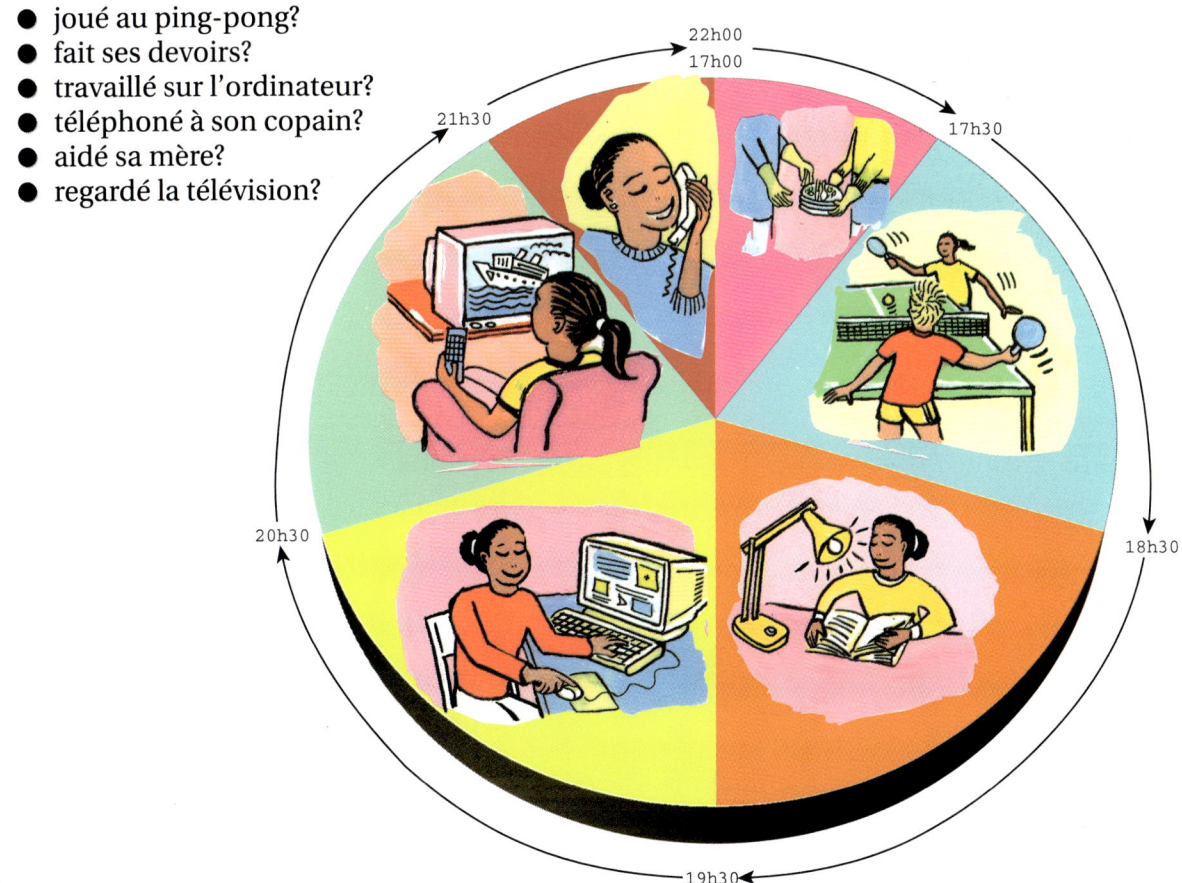

- joué au ping-pong?
- fait ses devoirs?
- travaillé sur l'ordinateur?
- téléphoné à son copain?
- aidé sa mère?
- regardé la télévision?

22h00
17h00
17h30
21h30
18h30
20h30
19h30

4b Fais un graphique: Mes cinq heures.

quatre-vingt-trois

Mots

Tu gardes la forme?	*Do you keep fit?*
Je fais …	*I do/go …*
de l'aérobic	*aerobics*
du cyclisme	*cycling*
de la danse	*dancing*
du jogging	*jogging*
de la musculation	*weight training*
de la natation	*swimming*
du taï-chi	*t'ai chi*
du yoga	*yoga*
Je ne fais rien.	*I don't do anything.*
Je ne fais pas de sport.	*I don't do any sport.*
J'en fais …	*I do it …*
Je n'en fais jamais.	*I never do it.*
souvent	*often*
tous les jours	*every day*
une/deux fois par semaine	*once/twice a week*
le mercredi matin	*on Wednesday mornings*
le samedi après-midi	*on Saturday afternoons*
le dimanche	*on Sunday*

Les instructions	*Giving instructions*
Baissez	*Lower*
Détendez-vous	*Relax*
Écoutez	*Listen*
Entrez	*Come in*
Fermez	*Close*
Levez-vous	*Stand up*
Lisez	*Read*
Ouvrez	*Open*
Pliez	*Bend*
Taisez-vous	*Be quiet*
Tenez-vous droit	*Stand up straight*
Rangez	*Tidy*
Répétez	*Repeat*
Sortez	*Get out*
Touchez	*Touch*
Travaillez	*Work*
Trouvez	*Find*

Le corps	*The body*
la bouche	*mouth*
le bras	*arm*
les cheveux	*hair*
le corps	*body*
le cou	*neck*
les doigts	*fingers*
les doigts de pied	*toes*
les épaules	*shoulders*
la jambe	*leg*
les oreilles	*ears*
la main	*hand*
le nez	*nose*
le pied	*foot*
la taille	*waist*
la tête	*head*
les yeux	*eyes*

Mangez bien / *Eat well*

les céréales:	*cereals:*
le couscous	*couscous*
le pain	*bread*
les pâtes	*pasta*
la pomme de terre	*potato*
le riz	*rice*
les fruits et légumes:	*fruits and vegetables:*
les carottes	*carrots*
la pêche	*peach*
la pomme	*apple*
la salade	*salad*
les produits laitiers:	*dairy products:*
le fromage	*cheese*
le lait	*milk*
le yaourt	*yoghurt*
les sucreries:	*sweet things:*
les biscuits	*biscuits*
les bonbons	*sweets*
les gâteaux	*cakes*
les viandes:	*meat:*
le bœuf	*beef*
le jambon	*ham*
le poisson	*fish*
le poulet	*chicken*
les chips	*crisps*
la pizza	*pizza*
la tartine	*slice of bread and butter*
Tu manges/bois trop de …	*You eat/drink too much …*
pas assez de …	*not enough …*

Dix conseils pour garder la forme / *Ten rules for keeping in shape*

Mangez sainement. — *Eat sensibly.*
Buvez 2 à 3 litres d'eau par jour. — *Drink 2–3 litres of water a day.*
Faites du sport. — *Do some sport.*
Marchez davantage. — *Walk more.*
Ne fumez pas. — *Don't smoke.*
Couchez-vous de bonne heure. — *Go to bed early.*
Ne passez pas trop de temps devant la télévision. — *Don't spend hours watching TV.*
Passez plus de temps en plein air. — *Spend more time in the fresh air.*
Ne passez pas trop de temps au soleil. — *Don't spend too much time in the sun.*
Protégez-vous quand vous faites du sport. — *Use protective equipment when you do sport.*

Ma journée / *My day*

Je me lève à (6 heures). — *I get up at 6 a.m.*
Je fais (1 heure de stretching). — *I do (1 hour of exercises).*
Je mange … pour mon petit déjeuner. — *I eat … for breakfast.*
Puis je fais (1 heure de jogging). — *Then I (do 1 hour of jogging).*
Après le déjeuner je fais 1 heure de natation. — *After lunch I swim for 1 hour.*
Le soir je reste chez moi. — *In the evening I stay at home.*
Je me couche à (9 heures). — *I go to bed at (9 o'clock).*

quatre-vingt-cinq

MODULE 5 — LA MODE!

1 *Les vêtements*

Talking about what you are wearing

Raphaël — **Loïc** — **Hanane** — **Ambre**

des baskets
des chaussettes
des chaussures
une chemise
un chemisier
un gilet
un jean
une jupe
un pantalon
un pull
des sandales
un short
un sweat
un tee-shirt
des tennis

1a À deux. Qu'est-ce qu'ils portent? C'est de quelle couleur?
In pairs. What are they wearing? What colour is it?

Raphaël porte un pantalon gris…

> In French the word for the colour always comes after the noun.

1b Écoute et trouve le bon dessin. (1–4)

1c Décris les vêtements.

Raphaël porte un pantalon gris, …
Loïc … un tee-shirt rouge, …
Hanane … un pull vert , …
Ambre … un chemisier rose, …

Le détective

Singular		Plural	
Masc.	**Fem.**	**Masc.**	**Fem.**
blanc	blanche	blancs	blanches
noir	noire	noirs	noires
vert	verte	verts	vertes
bleu	bleue	bleus	bleues
gris	grise	gris	grises
rouge	rouge	rouges	rouges
jaune	jaune	jaunes	jaunes

Pour en savoir plus ➡ page 145, pt 3.1

86 quatre-vingt-six

2a Quel tee-shirt préfèrent-ils? Pourquoi? (1–6)
Which T-shirt do they prefer? Why?

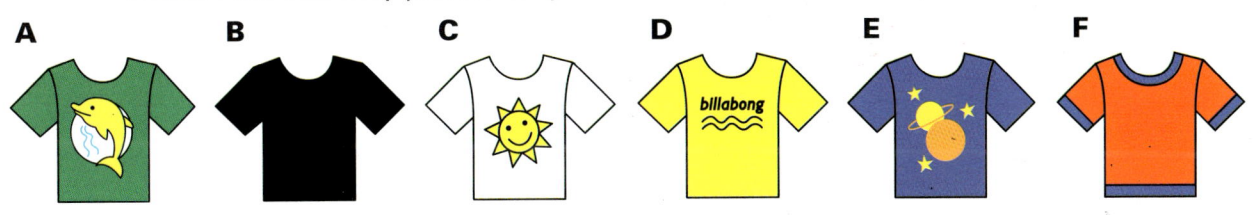

A **B** **C** **D** **E** **F**

| parce que | because |

Saying what colour suits you:
La couleur me va bien. *The colour suits me.*
Le noir ne me va pas. *Black doesn't suit me.*

2b Trouve un tee-shirt pour Louis!

J'ai les cheveux roux et les yeux verts. Le jaune me va très bien. Je prends le jaune. **Océane**

Le vert ne me va pas parce que j'ai les cheveux châtains et les yeux bleus, mais le bleu me va bien. Je prends le bleu. **Rachid**

J'ai les cheveux marron et le vert ne me va pas. Le rouge me va bien. Je prends le rouge. **Thomas**

Les autres couleurs ne me vont pas, je préfère le noir, parce que je porte toujours du noir. **Muriel**

Le vert ne me va pas … j'ai les cheveux bruns et les yeux bruns et … je préfère le tee-shirt blanc. **Isabelle**

Qu'est-ce qu'il me reste? **Louis**

2c Interviewe ton/ta partenaire.

- Quelle couleur te va?
- Quelle couleur ne te va pas?
- Quel tee-shirt préfères-tu?

- Le (vert) me va bien parce que j'ai les cheveux/yeux/…
- Le (noir) ne me va pas.
- Je préfère le …

2d Écris un texte.

| Ma couleur préférée, c'est le … | parce que | le (bleu) me va bien
j'ai les yeux (bleus/verts/marron) et les cheveux (marron/roux/blonds/châtains …).
le (rouge) ne me va pas. |
| | Je préfère le tee-shirt … parce que la couleur me va bien.
Je n'aime pas le tee-shirt … parce que la couleur ne me va pas. ||

quatre-vingt-sept

2 Je voudrais …

Shopping for clothes

- Je voudrais un tee-shirt s'il vous plaît.
- Oui, monsieur … en quelle couleur?
- Rouge.
- Vous faites quelle taille? Petit, moyen ou grand?
- Moyen.
- Voilà, un tee-shirt 'Speedy', moyen, en rouge.
- Ça coûte combien?
- 250F00 (€37,50).
- Avez-vous quelque chose de moins cher?
- Oui, j'ai un tee-shirt 'Winner' en noir et bleu.
- Et ça coûte combien?
- 170F00 (€25,75).
- Non, le bleu ne me va pas, je prends ce tee-shirt noir.
- Le voilà.
- Merci. Au revoir.
- Au revoir, monsieur et bonne fin de journée.

1a Lis et écoute.

1b Lis et trouve la bonne réponse.

1. Il achète (**a**) un tee-shirt (**b**) un maillot de bain.
2. La couleur qui ne lui va pas c'est (**a**) le bleu (**b**) le vert.
3. Le 'Speedy' est (**a**) trop grand (**b**) trop cher.
4. Il prend (**a**) le moyen (**b**) le grand.
5. Le 'Speedy' coûte (**a**) 250F00 (€37,50) (**b**) 170F00 (€25,75).

1c À deux. Jeu de rôle. Travaillez le dialogue.
In pairs practise the role-play above.

MODULE 5

2a Ils coûtent combien? C'est quel prix? (1–9)

A 19F60 €2,99
B 64F95 €9,90
C 84F25 €12,85
D 103F50 €15,75
E 141F75 €21,60
F 157F50 €23,99
G 168F25 €25,65
H 190F50 €29,00
I 213F20 €32,50

Rappel
Les nombres
20 vingt
30 trente
40 quarante
50 cinquante
60 soixante
70 soixante-dix
80 quatre-vingts
90 quatre-vingt-dix
100 cent

The numbers most frequently used in prices are 50, 75, 95 and 99: cinquante, soixante-quinze, quatre-vingt quinze, quatre-vingt-dix-neuf. Practise saying them and try to learn to recognise them.

Le détective

To say 'this', 'that', 'these' and 'those' you use:

Masc.	Fem.	Plural
ce (cet*)	cette	ces

Exemple: ce tee-shirt – *this tee-shirt*
* cet *is used in front of masculine words which begin with a vowel or a silent 'h'.*

Pour en savoir plus ➡ page 146, pt 3.5

2b À deux. Jeu de rôle.

● Je voudrais …

Partenaire A
● ce A 
● cette C 
● ces E

Partenaire B
● ce B
● cette D 
● ces F

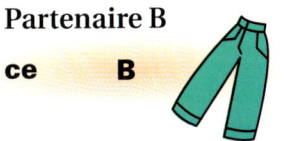

chaussures
tee-shirt
chemise
chaussettes
veste
pantalon

● Ça coûte combien?
● Ça coûte …

A 149F50 (€22,80)   B 183F00 (€27,75)   C 105F50 (€15,99)
D 150F50 (€21,95)   E 57F40 (€8,75)   F 118F00 (€17,99)

3 Dessine quatre vêtements et décris-les! *Draw four items of clothing and describe them.*

C'est (un tee-shirt bleu/une chemise bleu(e))(en coton). (Il/Elle) coûte …

en coton (cotton)   en jean (denim)
en jersey (jersey)   en soie (silk)

quatre-vingt-neuf

3 L'argent de poche

Pocket money

A Je fais du babysitting.

B Je m'occupe de mon petit frère/ma petite sœur.

C Je range ma chambre.

D Je lave des voitures.

E J'ai un job dans un fast food.

F Je ne fais rien.

G J'aide mes parents.

H Je fais la vaisselle.

1a Écoute et note. Combien d'argent de poche ont-ils? (1–8) Que font-ils pour en gagner? *Listen and note down how much pocket money they get and what they do to earn it.*

1b À deux. Que dis-tu?

- Tu as combien d'argent de poche?
- J'ai 20F 25F 40F 50F
- Que fais-tu pour gagner de l'argent?
-

1c Lis et réponds aux questions.

❝Pour gagner de l'argent de poche je fais du babysitting pour ma tante. Elle va à un cours d'aérobic et je m'occupe de ma petite nièce. Je lui lis des histoires et on regarde des vidéos ensemble. On me paie 5 francs l'heure et je peux gagner 20 francs par semaine.❞ **Marjolaine**

❝Mes parents me donnent de l'argent de poche si je range ma chambre et fais la vaisselle. Ils me donnent 20 francs par semaine mais si je fais des bêtises ils me donnent 10 francs. Si j'ai de bonnes notes ils me donnent 30 francs!❞ **Nathaniel**

❝Pour avoir de l'argent de poche je m'occupe de mon petit frère quand je rentre du collège. Il a deux ans. S'il fait beau on va au parc. S'il pleut, je lui lis des histoires et on fait des puzzles ensemble. Ma mère me donne 25 francs par semaine.❞ **Stéphane**

1. Que fait Marjolaine pour gagner de l'argent?
2. Elle gagne combien l'heure?
3. Que fait Nathaniel pour gagner de l'argent?
4. Que fait-il pour avoir 30 francs?
5. Que fait Stéphane pour avoir de l'argent de poche?
6. Où va-t-il, s'il fait beau?

faire des bêtises	to do silly things
bonnes notes	good marks (at school)
le puzzle	jigsaw
si	if

90 quatre-vingt-dix

MODULE 5

2a Que font-ils avec leur argent de poche? (1–8)

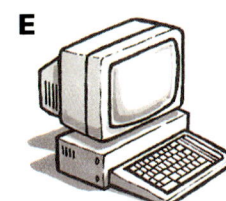

A B C D
E F G H

2b Interviewe ton/ta partenaire.

Combien d'argent de poche as-tu?	J'ai … /Je n'ai rien.
Que fais-tu pour gagner de l'argent de poche?	Je fais du babysitting / la vaisselle. J'aide mes parents. Je range ma chambre. Je lave des voitures. Je m'occupe de mon petit frère/ma petite sœur. Je ne fais rien.
Que fais-tu de ton argent de poche?	J'achète … Je le mets de côté pour m'acheter … / aller en vacances.

une livre sterling   a pound (£)

Rappel

	Masc.	Fem.	Plural
my	mon frère	ma sœur	mes frères
his/her	son argent	sa chambre	ses parents

2c Écris un résumé.

Argent de poche
Moi:
J'ai …
Je … pour gagner de l'argent.
J'achète …
Je mets mon argent de côté pour …

Mon/ma partenaire:
Il/elle a …
Il/elle … pour gagner de l'argent.
Il/elle achète …
Il/elle met son argent de côté pour …

Mini-test   I can …
- say what I am wearing …
- … and what colour it is
- say whether the colour suits me
- buy clothes in a shop
- say how much pocket money I get …
- … and what I do with it

quatre-vingt-onze 91

4 J'ai un problème!

Talking about problems

J'ai besoin de gagner de l'argent. Toutes mes amies ont des vêtements super-cool. Elles ont plus d'argent que moi et elles se moquent de moi, parce que je porte les vêtements de ma sœur. Qu'est-ce que je peux faire?
Céline

J'ai besoin d'aide. J'ai de mauvaises notes en maths et j'ai besoin de bonnes notes parce que je veux passer mon bac. Je ne peux pas parler au prof. Il ne m'écoute pas. Il croit que je suis stupide.
Denis

J'ai besoin d'arrêter de fumer. Je fume et je sais que ce n'est pas bon pour la santé, mais quand je suis avec mes copains et qu'ils fument, je fume aussi.
Aïcha

J'ai besoin de sortir avec mes copains! Mes parents ne me comprennent pas. Le soir, tous mes copains sortent et moi, je dois rester à la maison et faire mes devoirs. Ce n'est pas juste! Je ne peux pas leur parler, ils ne m'écoutent pas, ils sont trop stricts!
Valentin

J'ai besoin de faire un régime. Je mange trop de sucreries et de chips et je suis trop grosse, mais quand j'ai faim je mange des bonbons et quand j'ai soif je bois du coca light!
Sabine

J'ai besoin d'une petite copine. Je suis petit pour mon âge, et tout le monde se moque de moi parce que je porte des lunettes. J'ai besoin de me faire une petite copine, mais je ne sais pas comment faire.
Mathieu

faire un régime	*to go on a diet*
j'ai faim	*I am hungry*
j'ai soif	*I am thirsty*

1a Lis et trouve. Qui est-ce?

Qui …
1 mange trop?
2 n'a pas de petite copine?
3 fume?
4 ne peut pas sortir?
5 a de mauvaises notes en maths?
6 veut acheter des vêtements?

1b Qui parle? (1–6)

Le détective

How to say you need to do something.
Use the correct part of avoir *with* besoin de *+ infinitive.*
J'ai besoin de …   *I need to …*
Tu as besoin de …   *You need to …*
Il/Elle a besoin de … *He/she needs to …*
Exemple: J'ai besoin de gagner de l'argent.

Pour en savoir plus ➡ page 143, pt 1.13

MODULE 5

1c Trouve la bonne réponse à chaque lettre (à la page 92).

1 Il faut trouver quelqu'une qui s'intéresse aux mêmes choses* que toi …
2 Il faut demander à un(e) ami(e) de t'aider à ne plus fumer.
3 Il faut parler à ton professeur principal* au collège …
4 Il faut trouver d'autres ami(e)s …
5 Il faut manger un sandwich, un fruit ou un yaourt. Il ne faut pas manger de sucreries …
6 Il faut montrer* à tes parents que tu n'es pas stupide …

*les mêmes choses	the same things
*le professeur principal	the tutor
*il faut montrer	you have to show

2a Que dis-tu?

A B  C  D  E  F

J'ai besoin d' …	aide au collège
	arrêter de fumer
J'ai besoin de …	faire un régime
	me faire une petite copine/
	un petit copain
	gagner de l'argent
	sortir avec la bande

2b Écris une lettre.

| je ne peux pas | I can't |

J'ai besoin de/d' …
parce que je fume/mange/bois trop de …
parce que j'ai …
parce que je n'ai pas de …
Je ne peux pas parler à mes parents/mon prof parce que …

quatre-vingt-treize 93

5 Il/Elle est comment?

Talking about what someone is like

Mon petit copain s'appelle Éric. Il a quinze ans. Il est très gentil. On se parle de tout. Il est charmant et marrant mais quelquefois il est un peu égoïste. Il m'aide à faire mes devoirs.
Coralie

Ma petite copine s'appelle Thérèse. Elle est intelligente et sportive. Quelquefois elle est un peu têtue. J'aime regarder des films de science-fiction mais elle préfère faire les magasins et traîner en ville. **Dominique**

Mon petit frère est farfelu. Il s'appelle François. Il est bavard et sportif. Il joue au football et au volley, mais il est un peu timide et il n'aime pas aller au club des jeunes ou parler avec des filles.
Mélodie

Ma sœur est stupide, elle ne fait pas de sport. Elle s'appelle Catherine. Elle passe des heures au téléphone avec ses copines. Elle est paresseuse.
Pascal

Mon petit copain est super sympa. Il s'appelle Rachid. Normalement il est très sérieux mais quelquefois il est têtu. Il n'aime pas aller en ville et il n'aime pas sortir avec les autres.
Nolwenn

1a Qui est-ce? C'est Éric, Rachid, Thérèse, Catherine, ou François?

A   B   C   D   E

1b Qui est-ce?

1 Elle est sportive.
2 Il est un peu égoïste.
3 Elle aime faire du shopping.
4 Il est têtu.
5 Il est bavard.
6 Elle est bavarde.

94 quatre-vingt-quatorze

1c C'est quel mot? Trouve les paires.

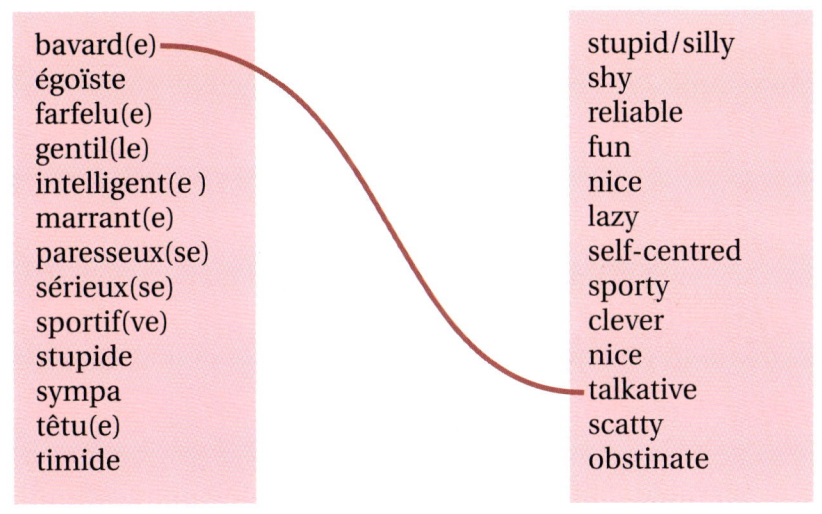

bavard(e)	stupid/silly
égoïste	shy
farfelu(e)	reliable
gentil(le)	fun
intelligent(e)	nice
marrant(e)	lazy
paresseux(se)	self-centred
sérieux(se)	sporty
sportif(ve)	clever
stupide	nice
sympa	talkative
têtu(e)	scatty
timide	obstinate

1d Qui est-ce? (1–5)

1e Tu es quelle sorte de personne? Interviewe ton/ta partenaire.

Exemple: Es-tu bavard(e)? Oui, je suis bavard(e)./Non, je ne suis pas bavard(e).

bavard(e)	intelligent(e)	sérieux(se)	sympa
égoïste	marrant(e)	sportif(ve)	têtu(e)
gentil(le)	paresseux(se)	stupide	timide

2a Choisis cinq personnes et décris-les.

Mon copain est …
Ma copine est …
Mon frère est …
Ma sœur est …
Mon père est …

Et toi? Tu es comment?
Je suis …

2b Ils sont comment?

quatre-vingt-quinze

Bilan et Contrôle révision

I can ...
- name ten items of clothing

des baskets, des chaussettes, des chaussures, une chemise, un chemisier, un gilet, une jupe, un pantalon, un pull, un tee-shirt

- say what colour suits me
- ... and what doesn't suit me

(Le bleu) me va bien.
(Le rouge) ne me va pas.

I can ...
- ask for something in a shop
- say what colour

Je voudrais (un tee-shirt).
blanc(he), bleu(e), gris(e), jaune, noir(e), rouge, vert(e)

- ... and size
- ask the price
- ask for something cheaper
- say which one you will buy

petit, moyen, grand
Ça coûte combien?
Avez-vous quelque chose de moins cher?
Je prends ce tee-shirt/cette chemise/ces chaussures.

I can ...
- say how much pocket money I get
- say how much money I earn
- say I don't have any
- say I don't earn any
- say what I do to earn it

J'ai ... F/livres sterling
Je gagne ...
Je n'ai rien.
Je ne gagne rien.
Je fais du babysitting; Je fais la vaisselle; Je lave des voitures etc.

- or say I don't do anything
- say what I do with the money

Je ne fais rien.
J'achète ...
Je le mets de côté pour aller en vacances/pour m'acheter ...

I can ...
- talk about problems

J'ai besoin de ... gagner de l'argent/sortir avec mes copains/faire un régime
d'une petite copine
d'arrêter de fumer
J'ai besoin d'aide.

- say I can't
- say what I am like and what someone else is like

Je ne peux pas.
Je suis ...
Il/Elle est ...
bavard(e)/égoïste/gentil(le)/intelligent(e) etc.

MODULE 5

1 Qu'est-ce qu'ils achètent? Quelle couleur? Quelle taille? Quel prix? (1–5)

2 Lis et trouve le bon dessin.

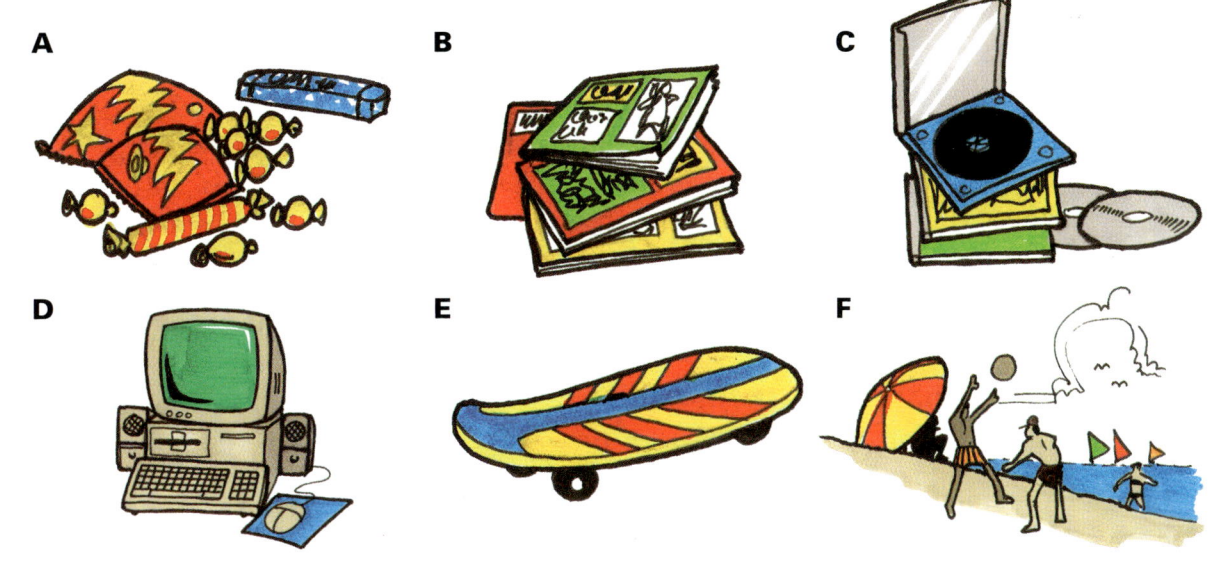

A   **B**   **C**

D   **E**   **F**

1 Je fais du babysitting et je gagne 100F par semaine. Je mets mon argent de côté pour les vacances.
2 Je ne fais rien mais mes parents me donnent 100F pour acheter des snacks et des bonbons.
3 Je fais la vaisselle tous les jours et j'ai 50F par semaine. Je les mets de côté pour acheter des CD.
4 Je lave des voitures et je gagne 300F par semaine. Je veux m'acheter un ordinateur.
5 Je m'occupe de mon petit frère et mes parents me donne 200F par semaine. Je les mets de côté pour acheter un nouveau skate.
6 J'ai un job dans un fast food et je gagne 180F pour acheter des magazines.

3 Interviewe deux personnes. Pose les questions et note les réponses.

- Que fais-tu pour gagner de l'argent de poche?
- Tu as combien d'argent de poche par semaine?
- Que fais-tu de ton argent de poche?

4 Écris un résumé.

Argent de poche:
Moi, j'ai … Je fais … J'achète … Je mets mon argent …
(John) a …/fait …/achète …/met son argent …

quatre-vingt-dix-sept 97

Grammaire

1 **How to say what you are wearing**

Je porte …

Masc.	Fém.	Plur.
un jean	une chemise	des baskets

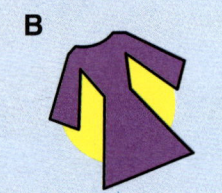

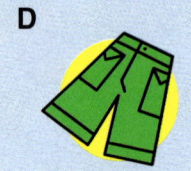

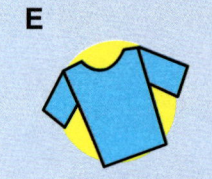

What are the French words for these? Are they masculine, feminine or plural?

A   B   C   D   E   F

2 **How to say what colour it is/they are**

Remember in French the word for the colour always comes after the noun, and has to 'agree' with it.

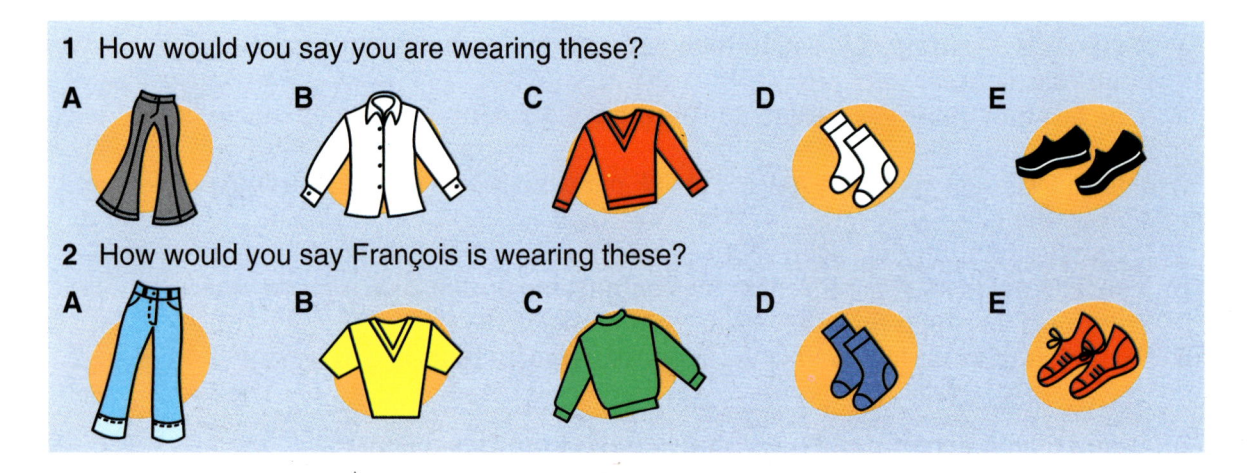

1 How would you say you are wearing these?
A   B   C   D   E

2 How would you say François is wearing these?
A   B   C   D   E

e.g. **un pull rouge, une jupe bleue, des baskets noires.**

3 **How to say what colour suits you**

La couleur me va.   *The colour suits me.*

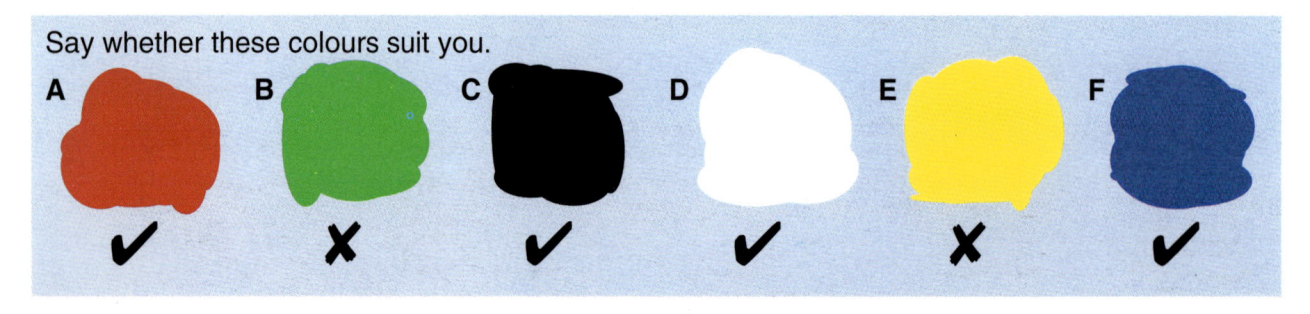

Say whether these colours suit you.

A ✓   B ✗   C ✓   D ✓   E ✗   F ✓

98 quatre-vingt-dix-huit

Le bleu me va.   *Blue suits me.*
Le noir ne me va pas.   *Black doesn't suit me.*

4 How to say 'this' and 'these'

this tee-shirt – ce tee-shirt

How would you say you prefer these?

Je préfère …

A   B   C   D   E

Masc.	Fém.	Plur.
ce (cet)	cette	ces

5 How to say you need something

1 How would you say you need these things?

A   B   C   D   E

2 How would you say you need to do these things?

A   B   C   D   E

J'ai besoin de …   *I need …*
J'ai besoin de + infinitive   *I need to (do something)*

Remember that **de** becomes **d'** in front of a vowel.

6 How to describe people

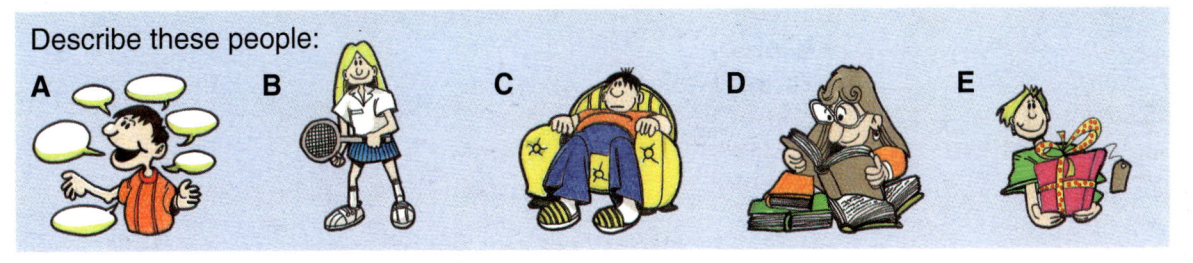

Describe these people:

A   B   C   D   E

quatre-vingt-dix-neuf 99

En plus *Bouge ta tête*

1a Lis et réponds.

1. Comment s'appelle-t-il?
2. Il a quel âge?
3. Où est-il né?
4. Où habite-il?
5. Il est de quelle nationalité ?
6. Que fait-il dans la vie?
7. Quel est le nom de son groupe?
8. Quelle sorte de musique joue-t-il?
9. Qu'est-ce qu'il aime faire?
10. Quelle est sa couleur préférée?
11. Quel est son plat préféré?
12. Quel est son animal préféré?

Petit portrait

nom: Jonny Burp
âge: 24 ans
lieu de naissance: Paris
domicile: Lyon
nationalité: française
profession: chanteur
groupe: les Boos
musique: rap
loisirs: cinéma, planche à voile
couleur préférée: le noir
plat préféré: la pizza
animal préféré: le chat

1b Écris un article pour le journal de classe:

Il s'appelle … il a … il est … il aime … il fait … il porte … il mange … etc.

2a Sa copine. Écoute et note.

2b Fais son petit portrait.

nom: Jolly Solo
âge: …

2c Prépare des questions et fais une interview.

	Partenaire A	Partenaire B
nom:	Hugo Brind	Martine Ploop
âge:	18 ans	21 ans
lieu de naissance:	Berlin	Bruxelles
domicile:	Marseille	Paris
nationalité:	allemande	belge
profession:	batteur	violoniste
groupe:	Chaotix	Café Noir
musique:	instrumentale	classique
loisirs:	théâtre	voyage
couleur préférée	le jaune	le rouge
plat préféré	le steak-frites	la salade
animal préféré	le lion	le chien

100 cent

2d Invente une personnalité et écris un article.

3a Le groupe. Comment s'appellent-ils? (1–6)

A B C D E F

| Tomaso | Jacinthe | Ahmed | Nathalie | Gaston | Geneviève |

How to say you play an instrument:
Elle joue **de la** guitare.   *She plays the guitar.*
Il joue **du** piano.   *He plays the piano.*

3b Présente-les.

A, c'est (Ahmed). Il/Elle est grand(e)/petit(e)/de taille moyenne. Il/elle porte un pantalon … un tee-shirt … et des baskets … et il/elle joue du/de la …

3c Lis et réponds aux questions.

Tomaso n'est pas sportif. Il est paresseux. Il préfère rester à la maison et écrire ou écouter de la musique. C'est lui qui écrit les mélodies et c'est Jonny qui écrit les paroles.
Jacinthe est la sportive du groupe. En été elle joue au tennis et en hiver elle fait du snowboard.
Ahmed est marrant et bavard. Il est sympa. Il joue de la guitare et il chante aussi. Il a fait des disques en solo.
Nathalie est intelligente et égoïste. Elle écrit de la musique et elle chante aussi. Elle se passionne pour le cinéma.
Geneviève est la sérieuse du groupe. Elle est très sympa. Elle fait de la natation et de l'aérobic pour garder la forme. Elle ne boit pas d'alcool et elle fait une heure de yoga par jour.
Gaston est farfelu et marrant. Il est bavard. Quand on est avec lui on s'amuse. Il fait le clown, mais il joue très bien. C'est un musicien très doué.

doué *talented*

1 Qui aime le cinéma?
2 Qui aime le sport?
3 Qui est sérieuse?
4 Qui écrit les paroles?
5 Qui écrit les mélodies?
6 Qui a fait des disques en solo?

3d Choisis deux personnalités et décris-les.

> Il est chanteur/footballeur/acteur. Il est grand/petit.
> Elle est chanteuse/skieuse/actrice … Elle est grande/petite.
> Il/Elle a les cheveux …
> Il/Elle porte …
> Il/Elle est (intelligent(e)/sportif/ve) etc.

3e Lis ton texte à haute voix. Ton/ta partenaire doit deviner qui c'est.
Read your text out aloud. Your partner must guess who it is.

4a Écoute et lis la chanson.

Une chanson de Jonny Burp

Dis-moi, pourquoi je t'aime
Tu as les yeux qui rient*
Mais ce n'est pas ça
Dis-moi, pourquoi je t'aime.

Dis-moi, pourquoi je t'aime
Tu as les cheveux qui brillent*
Mais c'est pas ça
Dis-moi, pourquoi je t'aime.

Dis-moi, pourquoi je t'aime
Tu as la bouche qui chante
Mais c'est pas ça
Dis-moi, pourquoi je t'aime.

Dis-moi, pourquoi je t'aime
Tu es intelligente
Mais c'est pas ça
Dis-moi, pourquoi je t'aime.

Dis-moi, pourquoi je t'aime
Je t'aime parce que tu m'aimes
C'est ça
Dis-moi que tu m'aimes
et je serai content*.

*rire	to laugh
*briller	to shine
*je serai content	I will be happy

4b Lis le texte et réponds aux questions. Vrai ou faux?

Le nouveau disque de Jonny Burp.
Qu'est-ce qu'ils en pensent?

14/20 Normalement je n'aime pas ce genre de chanson mais j'aime la musique. Les paroles sont stupides.
François

15/20 J'aime beaucoup la musique, et les paroles sont émouvantes. C'est bien. Je vais l'acheter.
Alima

9/20 Ça fait pas trop Boys Band mais les chansons se ressemblent toutes et ce n'est pas mon truc. La plupart du temps, on s'endort.
Quentin

2/20 Ça me casse les oreilles. C'est insupportable à écouter. Je n'aime pas du tout ce genre de musique. Ce n'est pas du tout pour moi.
Samuel

1. François aime bien les paroles.
2. François n'aime pas la chanson.
3. Alima aime la personne qui chante.
4. Alima ne va pas l'acheter.
5. Quentin pense que ce nouveau disque ressemble à d'autres disques de Jonny Burp.
6. Quentin trouve la chanson très variée.
7. Samuel adore la chanson.
8. Samuel aime la chanson plus que François.
9. Quentin aime la chanson plus que Samuel.
10. François aime la chanson moins qu' Alima.

émouvant(e)	moving
se ressembler	to ressemble/be alike
ce n'est pas mon truc	it's not my thing
s'endormir	to fall asleep
les paroles	lyrics
plus que	more than
moins que	less than

4c Écris une chanson.

Je t'aime	parce que	tu m'écoutes quand j'ai un problème.
		tu as les cheveux blonds.
		tu ne te moques pas de moi.
		tu t'habilles à la mode.
		tu m'aides quand j'ai un problème.
		tu aimes les mêmes*/choses/plats/couleurs/ ... que moi.
		tu aimes la même musique que moi.
		tu fais les mêmes sports que moi.
	parce qu'	on s'entend* bien.

| *le/la/les même(s) ... que ... | the same ... as ... |
| *s'entendre bien | to get on well |

cent trois

Mots

Il/Elle porte …	*He/She is wearing …*	**Les couleurs**	*Colours*
une chemise	*shirt*	blanc(he)	*white*
un chemisier	*blouse*	gris(e)	*grey*
un gilet	*cardigan*	jaune	*yellow*
un jean	*jeans*	noir(e)	*black*
une jupe	*skirt*	rouge	*red*
un pantalon	*trousers*	vert(e)	*green*
un polo	*polo shirt*	bleu(e)	*blue*
un pull	*jumper*		
un short	*shorts*	**Je voudrais …**	*I would like …*
un sweat	*sweatshirt*	Je voudrais un tee-shirt.	*I would like a T-shirt.*
un tee-shirt	*T-shirt*	En quelle couleur ?	*In what colour ?*
des baskets	*trainers*	Vous faites quelle taille?	*What size are you?*
des chaussettes	*socks*	grand/moyen/petit	*large/medium/small*
des chaussures	*shoes*	en coton	*cotton*
des sandales	*sandals*	en jean	*denim*
des tennis	*tennis shoes*	en jersey	*jersey*
Ma couleur préferée c'est …	*My favourite colour is …*	en soie	*silk*
		Ça coûte combien ?	*How much is it ?*
Je préfère le (rouge) parce que …	*I prefer the (red one) because …*	Avez-vous quelque chose de moins cher?	*Do you have anything cheaper ?*
La couleur me va … … parce que j'ai les yeux bleus/verts/ marron et les cheveux marron/roux/blonds/ châtains.	*The colour suits me … … because I have blue/ green/brown eyes and brown/red/ blond/chestnut hair.*	**Les nombres**	*Numbers*
		vingt	*20*
		trente	*30*
		quarante	*40*
		cinquante	*50*
		soixante	*60*
Le/La (noir(e)) ne me va pas.	*The (black one) doesn't suit me.*	soixante-dix	*70*
		quatre-vingts	*80*
Je prends le/la (rouge).	*I'll buy the (red one).*	quatre-vingt-dix	*90*
Je n'aime pas le (tee-shirt) parce que la couleur ne me va pas.	*I don't like the (T-shirt) because the colour doesn't suit me.*	cent	*100*

L'argent de poche	*Pocket money*
Tu as combien d'argent de poche?	*How much pocket money do you get?*
J'ai … F.	*I get … francs.*
Que fais-tu pour gagner de l'argent?	*What do you do for your pocket money?*
Je fais du babysitting.	*I do babysitting.*
Je m'occupe de mon petit frère/ma petite sœur.	*I look after my younger brother/sister.*
Je range ma chambre.	*I tidy my bedroom.*
Je lave des voitures.	*I clean cars.*
J'ai un job dans un fast food.	*I have a job in a fast-food outlet.*
Je ne fais rien.	*I don't do anything.*
J'aide mes parents.	*I help my parents.*
Je fais de la vaisselle.	*I wash up.*
Que fais-tu de ton argent de poche?	*What do you do with your pocket money?*
J'achète …	*I buy …*
Il/Elle achète …	*He/She buys …*
Je le mets de côté …	*I save it …*
Il/Elle le met de côté …	*He/She saves it …*
pour aller en vacances/m'acheter …	*for my holiday/to buy …*
une livre sterling	*a pound (£)*

J'ai un problème.	*I've got a problem.*
J'ai faim/soif.	*I'm hungry/thirsty.*
J'ai besoin …	*I need …*
… d'aide au collège	*help at school*
… d'arrêter de fumer	*to stop smoking*
… de faire un régime	*to go on a diet*
… de me faire un petit copain/une petite copine	*to have a boyfriend/girlfriend*
… de gagner de l'argent	*to earn some money*
… de sortir avec la bande	*to go out with my friends*

Je ne peux pas parler à mes parents/mon prof.	*I can't talk to my parents/my teacher.*
Mes parents ne me comprennent pas.	*My parents don't understand me.*
Il faut manger/parler/travailler/trouver …	*You need to eat/talk/work/find …*

Il/Elle est comment ?	*What is he/she like?*
Mon copain/frère/père est …	*My friend/brother/dad is …*
Ma copine/sœur/mère est …	*My friend/sister/mum is …*
bavard(e)	*chatty*
égoïste	*selfish*
gentil(le)	*kind*
intelligent(e)	*clever*
marrant(e)	*funny*
parasseux(euse)	*lazy*
sérieux(euse)	*serious*
sportif(ive)	*sporty*
stupide	*stupid*
sympa	*nice*
têtu(e)	*obstinate*
timide	*shy*

cent cinq 105

MODULE 6 — EN PLEIN DANS L'ACTU

1 À la une!

Understanding what is happening in the news

1 **Manifestation de professeurs à Paris**

2 **Inondations en Afrique du Sud**

3 **Nouvelles du cinéma**

4 **Des millions de poissons morts à cause de la pollution**

5 **Éruption d'un volcan au Japon**

6 **Grève de trains en France**

7 **Accident sur l'autoroute**

8 **Nouveau virus cybernétique**

la une — *the front page*

1a Trouve le dessin qui correspond.

1b Trouve le texte qui correspond.

1 Les trains sont immobilisés.
2 La lave coule du sommet du volcan et entoure un village.
3 Trente-deux voitures carambolées dans le brouillard!
4 Le Danube pollué par des déchets industriels au cyanure. Des millions de poissons sont empoisonnés.
5 Dans le sud de l'Afrique: le Mozambique est à nouveau touché par la pluie.
6 Les professeurs du secondaire manifestent dans les rues de Paris.
7 Alerte aux nouveaux pirates: les cybercriminels et hackers sur Internet.
8 Olivia Bonamy, star de *Voyous Voyelles*, annonce sa participation à un nouveau film.

couler	to flow
le sommet	summit
entourer	to surround
caramboler	to crash into
les déchets	waste/rubbish
le cyanure	cyanide

MODULE 6

1c Écoute et note. C'est quelle nouvelle? (1–8)
Listen and note down which news item it is.

2a Trouve les phrases qui correspondent.

1 Ils se disputent. Le frère de Raphaël le tape.
2 La police appelle une ambulance. On l'emmène à l'hôpital.
3 Raphaël et son frère jouent au foot.
4 Raphaël tombe dans la rue.
5 Les deux frères vont au supermarché. Ils achètent une bouteille de coca.
6 Une voiture de police le renverse. Il est grièvement blessé.

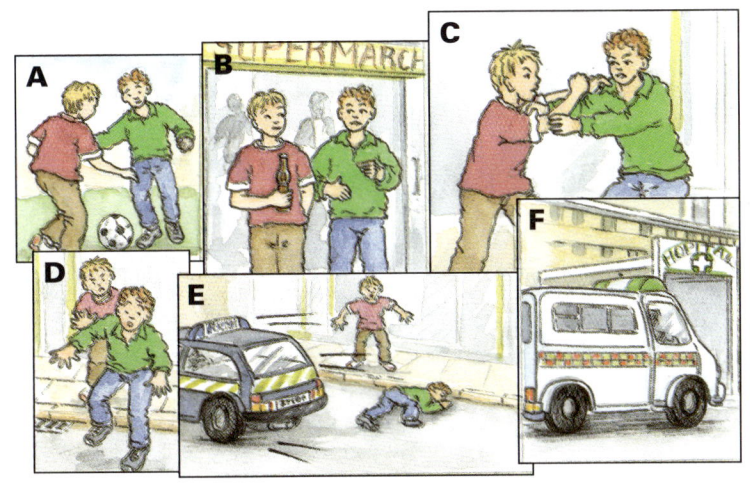

2b Mets les mots dans le bon ordre. Trouve le bon titre pour chaque image.
Put the words in the correct order and find the right title for each picture.

*se disputer	to quarrel
*taper	to hit
*blessé(e)	hurt
*emmener	to take

A rails Accident sur les
B Marseille fermiers Manifestation des à
C France le de Inondation dans sud la
D devant Jeune le supermarché blessée fille

cent sept 107

2 *L'interview de la semaine: la jeune danseuse, Carmen Herraro*

Reading an interview in a magazine

- Comment t'appelles-tu?
- Je m'appelle Carmen.

- Quel âge as-tu?
- J'ai seize ans.

- Quelle est la date de ton anniversaire?
- Le 14 juillet.

- Quel est ton signe astrologique?
- Cancer.

- Tu es de quelle nationalité?
- Je suis française mais mon père est d'origine espagnole.

- Où habites-tu?
- Toulouse.

- Tu y habites depuis quand?
- J'ai toujours habité Toulouse. J'y suis née.

- As-tu des frères et sœurs?
- Oui, j'ai deux petits frères.

- Que fais-tu de ton temps libre?
- Je fais du flamenco.

- Qui est ton chanteur préféré?
- Mon chanteur préféré, c'est Francis Cabrel.

- Qui est ta chanteuse préférée?
- Ma chanteuse préférée, c'est Céline Dion.

- Quel est ton plat préféré?
- J'adore les plats espagnols. Mon plat préféré, c'est la tortilla.

- Qu'est-ce que tu aimes?
- J'aime danser, j'aime la musique, j'aime le soleil et j'aime ma famille.

- Qu'est-ce que tu n'aimes pas?
- Ce que je n'aime pas, c'est le sport, la guerre, le racisme et le racket.

la guerre	*war*
le racisme	*racism*
le racket	*bullying*

MODULE 6

1a Lis et écoute l'interview.

1b Vrai ou faux?

1. Elle est danseuse.
2. Elle a 15 ans.
3. Son anniversaire est le douze juillet.
4. Elle est espagnole.
5. Elle habite à Toulouse.
6. Elle est née à Toulouse.
7. Elle n'a pas de frères et sœurs.
8. Son plat préféré est un plat espagnol.
9. Elle aime jouer au tennis et faire du vélo.
10. Elle n'aime pas le racisme.

1c À deux: Vérifiez vos réponses.

- *Elle est danseuse?*
- *Vrai/Faux* etc.

1d Fais un rapport.

Elle s'appelle … elle a … elle est … etc.

Rappel

When you are talking about yourself you use the **je** form.
When you are talking about someone else you use the **il/elle** form.

Examples:

je m'appelle	j'ai	je suis	je fais
il/elle s'appelle	il/elle a	il/elle est	il/elle fait

2a Écoute l'interview et note les réponses.

Les signes du zodiaque

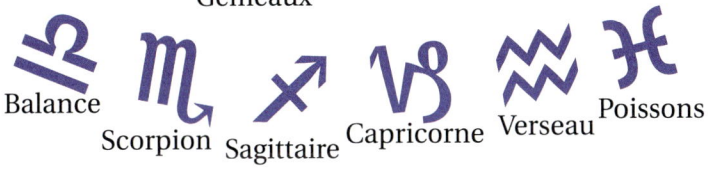

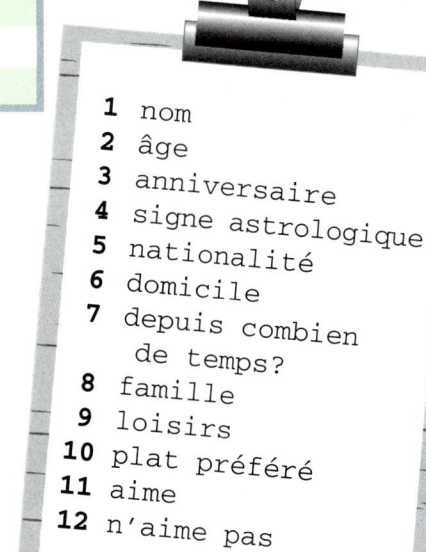

Bélier, Taureau, Gémeaux, Cancer, Lion, Vierge, Balance, Scorpion, Sagittaire, Capricorne, Verseau, Poissons

1. nom
2. âge
3. anniversaire
4. signe astrologique
5. nationalité
6. domicile
7. depuis combien de temps?
8. famille
9. loisirs
10. plat préféré
11. aime
12. n'aime pas

2b Fais un résumé.

Il/Elle …

cent neuf 109

3 *Un documentaire*

Asking questions in an interview

Tour du monde en solitaire

Comment vous appelez-vous?
Je m'appelle Frédéric Leblanc.

Que faites-vous comme métier?
Je suis navigateur.

Que faites-vous en ce moment?
Je prépare un long voyage.

Où allez-vous?
Je vais faire le tour du monde.

Avec qui allez-vous autour du monde?
Je pars tout seul.

Comment s'appelle votre bateau?
Le bateau, il s'appelle 'Dauphin'.

Comment trouvez-vous la route?
Je navigue par satellite.

Qui navigue quand vous dormez?
Il y a un pilote automatique.

Comment restez-vous en contact?
J'ai un téléphone-fax.

Quel est votre équipement le plus important?
Un ouvre-boîte.

Qu'est-ce que vous avez en cas de naufrage?
J'ai un radeau de survie et une combinaison étanche.

un radeau de survie

une combinaison étanche

| un ouvre-boîte | a tin-opener |
| un naufrage | a shipwreck |

1a Lis et écoute.

you	your
tu	ton/ta
vous	votre

110 cent dix

1b Lis et réponds. Frédéric Leblanc fait un voyage.

1. Que fait-il comme métier? Il est …
2. Que fait-il en ce moment? Il prépare …
3. Où va-t-il? Il va …
4. Avec qui y va-t-il? Il y va …
5. Comment s'appelle son bateau? Il s'appelle …
6. Comment fait-il pour trouver sa route? Il navigue …
7. Qui navigue quand il dort? Il y a un …
8. Comment reste-t-il en contact? Il a …
9. Quel est son équipement le plus important? Son …
10. Qu'est-ce qu'il a en cas de naufrage? Il a …

Rappel: question words

Combien?	How many?
Comment?	How?
Où?	Where?
Quand?	When?
Que …?	What?
Qu'est-ce que …?	What?
Quel/quelle …?	Which …?
Qui?	Who?
Avez-vous …?	Have you …?

1c À deux. Vérifiez vos réponses.

● *Il est …* ● *Vrai./Faux.*

toutes les (4) heures *every (4) hours*
l'eau de pluie *rainwater*

2a Écoute l'interview et choisis la bonne réponse.

1. Il mange (a) du fromage (b) des fruits.
2. Il boit (a) du coca (b) de l'eau.
3. Il trouve les repas (a) ennuyeux (b) super.
4. Il dort dans (a) le bateau (b) la cabine.
5. Il dort toutes les (a) quatre heures (b) trois heures.
6. Il se lave avec (a) du savon (b) de l'eau de pluie.
7. Son prochain port est Le Cap en (a) Afrique du Sud (b) Afrique du Nord.
8. Il a une radio pour écouter (a) de la musique (b) la météo.

2b Interviewe Henri Gauthier et Bérénice Duval.

	Henri Gauthier	Bérénice Duval
1 Où allez-vous?	dans le jungle	dans le désert
2 Quand partez-vous?	4 JUIN	28 MAI
3 Vous partez pour combien de jours?	x 10	x 15
4 Quel est votre équipement le plus important?	un canif	un bidon
5 Qui va avec vous?		
6 Avez-vous une voiture?		

2c Écris l'interview. *(Vouvoyer!)*

Mini-test — **I can …**
- understand headlines and short news items
- understand written and spoken interviews
- write a short summary

4 Un sondage

Reading and understanding a survey

au bord de la mer	à la campagne	en montagne	en ville	rester à la maison
12	3	4	1	0

1a Regarde le tableau. Vrai or faux?

1. Il n'y a personne qui préfère aller en ville.
2. La destination préférée est la plage.
3. Il y a plus de personnes qui préfèrent aller à la campagne que d'aller en montagne.
4. Il y a moins de personnes qui préfèrent aller au bord de la mer que d'aller à la campagne.
5. Il y a une personne qui aime visiter une ville.

1b Fais le résumé.
Douze personnes préfèrent …

Le détective

How to say nobody:
Il n'y a personne qui préfère …
Nobody prefers …
Personne ne préfère …

Le détective

If you are talking about more than one person you use the plural (**ils/elles**) form. This form usually sounds the same as the **il/elle** form but you must remember to add **–nt** when writing it, e.g. **il/elle préfère; ils/elles préfèrent**.
These verbs are irregular and sound different:
faire – il/elle fait; **ils/elles font**
aller – (va) vont; **ils/elles vont**
boire – (boit) boivent; **ils/elles boivent**

Pour en savoir plus ➡ page 139, pt 1.3

1c Écoute et complète le tableau.

1d Vérifiez vos résponses: D'accord ou pas?
Cinq personnes préfèrent …
Vrai./Faux./Je ne sais pas.

112 cent douze

2a Que font-ils et qu'est-ce qu'ils ne font pas? Écoute et complète la grille.

	Magali	Mathieu	Aïcha	Fanch	Emmanuelle	Mon/ma partenaire
🚲						
⚽						
🐌						
🥤						
🎬						
📚						
📺						
autre						

2b Interviewe ton/ta partenaire et note les résponses dans la grille.

- (Magali), fais-tu du vélo?
- Oui, j'aime./Non./Jamais./Je déteste faire du vélo.
- Joues-tu au foot?
- Oui./Non./Certainement pas.
- Manges-tu des escargots?
- Oui./Non./Non, je ne les mange pas.
- Bois-tu du coca?
- Oui, j'aime./Non, c'est trop sucré.
- Vas-tu au cinéma?
- Oui, j'adore aller au cinéma./Non.
- Lis-tu des livres?
- Oui./Non, pas beaucoup, je préfère les magazines.
- Regardes-tu la télé?
- Oui, je la regarde tous les soirs./Non.
- Qu'est-ce que tu aimes faire?
- J'aime …

2c Fais un sondage. Choisis une question. Interviewe 10 personnes et note les résultats.

Fais-tu …?
Manges-tu …?
Vas-tu …?
Aimes-tu jouer au …?

cent treize

5 La météo

Talking about the weather

1a Brainstorming. Quel temps fait-il? Trouve la phrase qui correspond.

- A, qu'est-ce que c'est?
- Il y a du soleil.

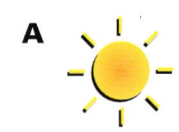

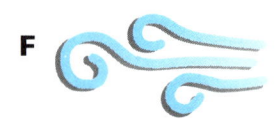

A   B   C   D   E

F   G   H   I

| il pleut/neige/gèle | il y a du soleil/vent/brouillard |
| il fait beau/gris/froid/chaud | il y a des nuages/orages |

1b Écoute et note. Quel temps va-t-il faire?

	le nord	l'ouest	le sud	l'est	en montagne
aujourd'hui					
demain					
après-demain					

après-demain *the day after tomorrow*

Rappel: le futur proche

When talking about what is going to happen you use the verb 'to go' just as in English.

Il va faire beau.	*It is going to be fine.*
Il va y avoir de la pluie.	*It is going to rain.*
Le vent va souffler.	*The wind will blow.*

1c À deux. Posez les questions et donnez les réponses à tour de rôle.

Quel temps va-t-il faire (aujourd'hui) (dans le nord) ?

dans le (nord/sud/est/ouest) en montagne	il va	faire beau
		y avoir du soleil/brouillard
		y avoir des orages/nuages
		y avoir de la pluie/neige
	le vent va souffler (fort)	

cent quatorze

2a La météo pour demain. Copie et complète la grille.

région	matin	après-midi	soir

Prévisions pour demain par région

Le nord
Demain matin il va y avoir du brouillard, dans l'après-midi il va pleuvoir et le soir le brouillard va revenir.

L'ouest
La journée va commencer sous la pluie mais le beau temps va arriver de l'ouest pendant l'après-midi. Le soir il va y avoir du brouillard.

L'est
La journée va commencer avec du brouillard mais le soleil va arriver vers l'après-midi. Il va faire beau et chaud. Le soir il va faire froid.

Le sud
La journée va être caractérisée par le soleil et le beau temps mais les orages vont arriver vers le soir.

En montagne
La journée va commencer ensoleillée mais il va y avoir de la neige pendant l'après-midi. Le soir il va faire très froid.

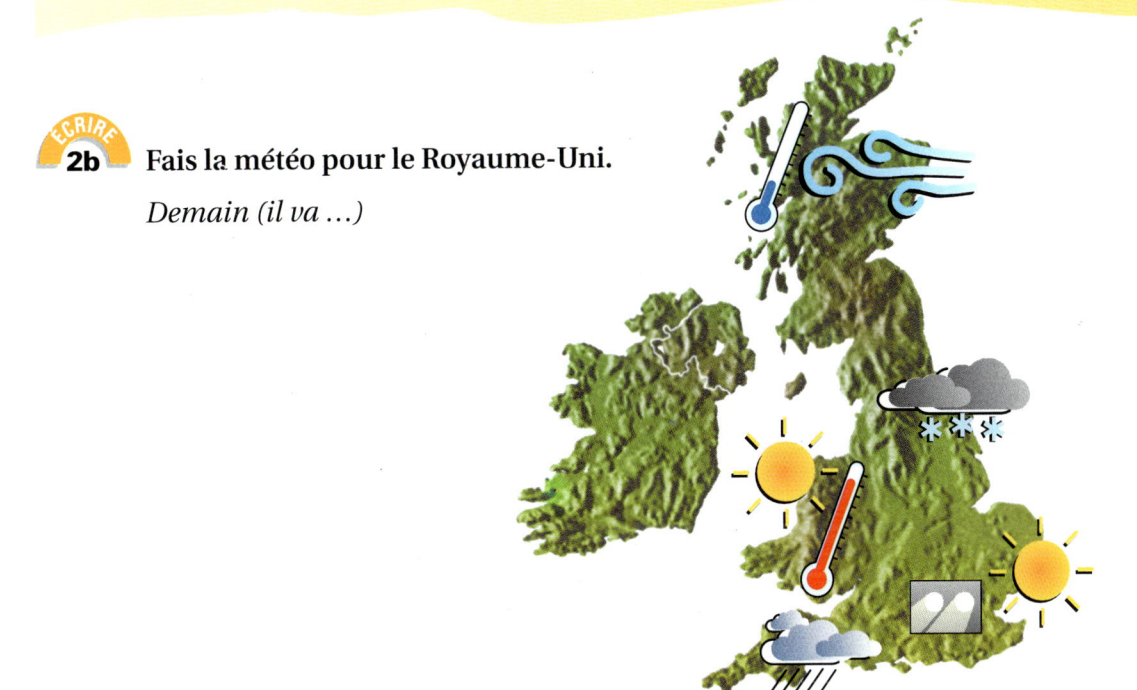

2b Fais la météo pour le Royaume-Uni.

Demain (il va …)

cent quinze 115

Bilan et Contrôle révision

I can ...
- *understand what is happening in the news*

Il y a ...
une éruption d'un volcan au Japon.
une manifestation de professeurs à Paris.
une grève de trains en France.
des inondations en Afrique du Sud.
un accident sur l'autoroute.

I can ...
- *carry out an interview using the* tu *form*

Comment t'appelles-tu?
Quel âge as-tu?
Quelle est la date de ton anniversaire?
Quel est ton signe astrologique?
Tu es de quelle nationalité?
Où habites-tu? etc.

Qui est ton chanteur préféré/ta chanteuse préférée?
Quel est ton plat préféré?
As-tu des frères et sœurs?

- *carry out an interview using the* vous *form*

Comment vous appelez-vous?
Que faites-vous?
Où allez-vous?
Quand partez-vous?

- *Carry out a survey and report back using the* il/elle *form*

Il y a (une) personne qui préfère ...

- *Report back using the* ils/elles *form*

(Cinq personnes) préfèrent ...

I can ...
- *say what the weather is like ...*

Il y a du brouillard/du soleil/du vent/des orages/des nuages.
Il pleut/neige/gèle.
Il fait chaud/froid/beau/gris.

- *... and say what it is going to be like*

Dans le (nord/sud) ...
En montagne ...
il va faire beau
il y avoir du soleil/du brouillard/de la pluie/des orages/
le vent va souffler (fort)

1 Petit portrait. Copie et complète.

Nom …
Âge …
Anniversaire …
Signe astrologique …

Nationalité …
Domicile depuis …
Famille …
Loisirs …

Plat préféré …
Aime …
N'aime pas …

2 Lis et réponds aux questions.

> Bernard Piaget va faire la traversée en solitaire du désert du Sahara en montgolfière. Il part de Toulouse le 14 juillet et il espère arriver quatre jours plus tard. Il va faire des photos aériennes du désert et étudier le temps. Il a une radio pour garder le contact avec son équipe qui va le suivre en Landrover.

1 Où va-t-il?
2 Quand part-il?
3 La traversée va durer combien de jours?
4 Que va-t-il faire?
5 Qui va y aller en Landrover?

3 Interviewe ton/ta partenaire.

	Partenaire A	Partenaire B
Où allez-vous?		
Vous êtes combien?	2	1
Comment y allez-vous?	Landrover	ballon
Quand partez-vous?	4 août	23 septembre
Qui va avec vous?	Jules	✗
Avez-vous une radio?	✓	✗

4 Écris la météo pour demain.

cent dix-sept 117

Grammaire

1 Talking about other people and recounting events

When you are talking about yourself you use the **je** form.
When you are talking about someone else you use the **il/elle** form.

je m'appelle	il/elle s'appelle
j'habite	il/elle habite
j'ai	il/elle a
je suis	il/elle est
je fais	il/elle fait

-er verbs end in **e**, e.g. **je joue; il joue.**

Verbs which end in **–s** in the **je** form usually end in **–t** in the **il/elle** form, e.g. **je fais – il fait**

Write a report about these people.

A — Jean-Luc, 24 ANS, MARSEILLE

B — Marie-Thérèse, 22 ANS, MONTRÉAL

2 Asking questions using question words

Qui ?	Who?	Que ... ? Qu'est-ce que ... ?	What?
Comment?	How?	Quel/quelle ... ?	Which ... ?
Où?	Where?	Combien?	How many?
Quand?	When?	Qu'est-ce que (c'est)?	What (is it/that)?

You can also invert the subject and the verb, e.g. **As-tu/Avez-vous ...?**

Add the missing word(s).

1 .... t'appelles-tu?
2 .... âge as-tu?
3 .... est la date de ton anniversaire?
4 Tu y habites depuis .... ?
5 .... -tu des frères et sœurs?
6 .... fais-tu pendant ton temps libre?
7 .... est ton chanteur préféré?
8 .... est ton signe astrologique?
9 Tu es de .... nationalité?
10 .... habites-tu?
11 .... est ta chanteuse préférée?
12 .... est ton plat préféré?
13 .... tu aimes?
14 .... tu n'aimes pas?

cent dix-huit

3 Reporting back about more than one person

Une personne préfère ...

... personnes préfèrent ...

If you are talking about one person you use the singular (the **il/elle** form).
If you are talking about more than one person you use the plural (**ils/elles** form).

Singulier		*Pluriel*	
Une personne	préfère	Deux personnes	préfèrent
	fait		font
	joue		jouent
	mange		mangent
	boit		boivent
	va		vont
	lit		lisent
	regarde		regardent
	aime		aiment

1 How would you say what these people do?

Ils/Elles ...

A   B   C   D   E

4 Saying what the weather is going to be like

Rappel: **le futur proche**

When talking about what is going to happen, you use the verb 'to go' just as in English.

e.g. Il va faire beau.   *It's going to be fine.*
      Il va y avoir de la pluie.   *It is going to rain.*
      Le vent va souffler.   *The wind will blow.*

What is the weather going to be like tomorrow?

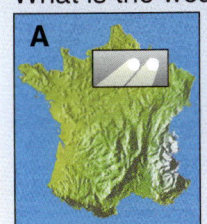

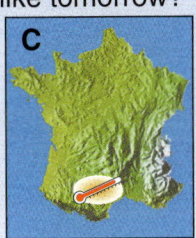

A   B   C   D   E   F

En Plus *Un poème et une lettre*

L'arbre

Perdu au milieu de la ville,
L'arbre tout seul, à quoi sert-il?

Les parkings, c'est pour stationner,
Les camions pour embouteiller,
Les motos pour pétarader,
Les vélos pour se faufiler.

L'arbre tout seul, à quoi sert-il?

Les télés, c'est pour regarder,
Les transistors pour écouter,
Les murs pour la publicité,
Les magasins pour acheter.

L'arbre tout seul, à quoi sert-il?

Les maisons, c'est pour habiter,
Le béton pour embétonner,
Les néons pour illuminer
Les feux rouges pour traverser.

L'arbre tout seul, à quoi sert-il?

Les ascenseurs, c'est pour grimper,
Les présidents pour présider,
Les montres pour se dépêcher,
Les mercredis pour s'amuser.

L'arbre tout seul, à quoi sert-il?

Il suffit de le demander
À l'oiseau qui chante à la cime.

---

perdu — lost
à quoi sert-il? — what is it for?

embouteiller — to form a traffic jam
pétarader — to backfire
se faufiler — to weave in and out

le béton — concrete

grimper — to climb

se dépêcher — to hurry

à la cime — at the top

1a Lis et écoute.

1b Lis le poème à haute voix. Choisis un vers à apprendre par cœur.
Read the poem out aloud. Choose a verse to learn by heart.

2 Écris un poème alphabet. Copie et complète le poème avec les mots ci-dessous.
Write an alphabetical poem. Copy and complete the poem using the words underneath each verse.

Les affaires c'est pour …
La boîte, c'est pour …
Les cadeaux c'est pour …
La douche, c'est pour …
L'école, c'est pour …

apprendre   donner   se laver   ouvrir   ranger

Et la fleur, à quoi sert-elle?

Le gâteau, c'est pour …
L'hypermarché, c'est pour …
L' immeuble, c'est pour …
Le jean, c'est pour …
Le kayak, c'est pour …

acheter   manger   habiter   pagayer   porter

Et la fleur, à quoi sert-elle?

La lampe, c'est pour …
La maman, c'est pour …
Noël, c'est pour …
L'œil, c'est pour …
Le poisson, c'est pour …

attraper   écouter   fêter   regarder   voir

Et la fleur, à quoi sert-elle?

La queue, c'est pour …
Le réveil, c'est pour …
Le surf, c'est pour …
La table, c'est pour …
La une, c'est pour …

le réveil	alarm clock
la une	front page of a newspaper

agiter   s'amuser   lire   mettre   réveiller

Et la fleur, à quoi sert-elle?

Le vent, c'est pour …
Le web, c'est pour …
Le xylophone, c'est pour …
Le yacht, c'est pour …
Et le zigzag, c'est pour …

jouer   surfer   souffler   naviguer   zigzaguer

Mais la fleur, à quoi sert-elle?

cent vingt et un

3a Lis et écoute.

Je m'appelle Denis. J'ai quatorze ans et j'habite à la Réunion. C'est une île dans l'océan Indien. La capitale s'appelle Saint-Denis.

Je suis réunionnais. Je suis né à la Réunion, mais mon grand-père est d'origine française. À la maison je parle créole, mais au collège on parle français.

J'habite en centre-ville. Nous avons un grand jardin, avec une piscine pour se baigner et un barbecue pour faire des grillades.

Les endormis (c'est le nom réunionnais pour les caméléons) viennent souvent se chauffer sur notre véranda.

Je suis sportif et je fais beaucoup de natation, de roller et de skate.

Mon oncle a un bateau et le dimanche on va à la pêche, mais en été il faut faire attention et écouter la météo parce que c'est la saison des cyclones.

Quand il y a un cyclone on rentre à la maison, on ferme les portes et les fenêtres. Il y a un orage, il pleut très fort, le vent souffle fort, la mer fait de grosses vagues et il n'y a pas de collège! Ça peut durer plusieurs jours. Après le cyclone il y a des feuilles et des arbres tombés partout.

Cette année ma classe a replanté cinquante arbres.

Denis

se chauffer	to warm/heat up
les vagues	waves
durer	to last

3b Lis et réponds.

1. Où habite Denis?
2. Où se trouve la Réunion?
3. Quel âge a-t-il?
4. Il est de quelle nationalité?
5. Son grand-père est de quelle nationalité?
6. Où se trouve sa maison?
7. Qu'est-ce qu'il y a dans le jardin?
8. Que sont les endormis?
9. Qu'est-ce qu'il aime faire?
10. Que fait-il avec son oncle?
11. Que fait-on quand il y a un cyclone?
12. Pourquoi aime-t-il le mauvais temps?

4a La météo. Copie et complète la grille.

	nord et ouest	sud et est
matin		
après-midi		
soir		
nuit		

4b Faites des recherches. Visitez: www.runisland.com.

4c Prépare un site web pour ton île imaginaire.

Mots

À la une	*On the front page*	**Une interview**	*An interview*
à cause de/d'	*due to*	Comment t'appelles-tu?	*What is your name?*
un accident	*accident*	Quel âge as-tu?	*How old are you?*
une autoroute	*motorway*	Quelle est la date de ton anniversaire?	*When is your birthday?*
le virus cybernetique	*computer bug*	Quel est ton signe astrologique?	*What is your star sign?*
une éruption	*eruption*		
une grève	*strike*	Tu es de quelle nationalité?	*What nationality are you?*
une inondation	*flood*	Où habites-tu?	*Where do you live?*
une manifestation	*demonstration*	As-tu des frères et sœurs?	*Have you got any brothers and sisters?*
mort(s)	*killed*		
les nouvelles	*news*	Que fais-tu de ton temps libre?	*What do you do in your free time?*
un poisson	*fish*		
la pollution	*pollution*	Qui est ton chanteur préféré/ta chanteuse préférée?	*Who is your favourite singer?*
les professeurs	*teachers*		
le volcan	*volcano*		
		Quel est ton plat préféré?	*What is your favourite meal?*
Les signes du zodiaque	*Signs of the zodiac*	Qu'est-ce que tu aimes?	*What do you like doing?*
Bélier	*Aries*	Qu'est-ce que tu n'aimes pas?	*What don't you like doing?*
Taureau	*Taurus*		
Gémeaux	*Gemini*	Comment vous appelez-vous?	*What is your name?*
Cancer	*Cancer*		
Lion	*Leo*	Où allez-vous?	*Where are you going?*
Vierge	*Virgo*	Quand partez-vous?	*When do you leave?*
Balance	*Libra*	Vous partez pour combien de jours?	*How long are you going for?*
Scorpion	*Scorpio*		
Sagittaire	*Sagittarius*	Quel est votre équipement le plus important?	*What is your most important piece of equipment?*
Capricorne	*Capricorn*		
Verseau	*Aquarius*		
Poissons	*Pisces*		
		Qui va avec vous?	*Who is going with you?*
		Avez-vous une voiture?	*Do you have a car?*
		un appareil photo	*camera*
		un bidon	*container*
		un canif	*penknife*
		un navigateur	*sailor*
		naviguer par satellite	*to navigate by satellite*
		tout seul	*alone*

Questions	*Questions*	La météo	*The weather forecast*
Combien?	*How much?*	Il gèle.	*It is freezing.*
Comment?	*How?*	Il neige.	*It is snowing.*
Où?	*Where?*	Il pleut.	*It is raining.*
Quand?	*When?*	Il fait beau/chaud/ froid/gris.	*The weather is good/ hot/cold/dull.*
Que/Qu'est-ce que … ?	*What … ?*		
Quel/Quelle … ?	*Which …?*	Il y a …	*It is …*
Qui?	*Who?*	du brouillard	*foggy*
Avez-vous … ?	*Do you have … ?*	des orages	*stormy*
		du soleil	*sunny*
Un sondage	*A questionnaire*	du vent	*windy*
Une personne préfère …	*One person prefers …*	aujourd'hui	*today*
Deux personnes préfèrent …	*Two people prefer …*	demain	*tomorrow*
		après-demain	*the day after tomorrow*
Il n'y a personne qui préfère …	*Nobody prefers …*	Il va y avoir …	*It will be …*
aller à la campagne	*to go to the country*	des orages/de la pluie	*stormy/rainy*
aller au bord de la mer	*to go to the seaside*	Il va faire beau/du brouillard/du soleil	*It will be fine/foggy/ sunny*
aller en montagne	*to go to the mountains*	Le vent va souffler (fort).	*It will be (very) windy.*
rester à la maison	*to stay at home*		
visiter une ville	*to visit a town*	le nord	*north*
Il/Elle fait …	*He/She does …*	le sud	*south*
Ils/Elles font …	*They do …*	l'ouest	*west*
Il/Elle joue …	*He/She plays …*	l'est	*east*
Ils/Elles jouent …	*They play …*	en montagne	*in the mountains*
Il/Elle mange …	*He/She eats …*		
Ils/Elles mangent …	*They eat …*		
Il/Elle va …	*He/She goes …*		
Ils/Elles vont …	*They go …*		
Il/Elle lit …	*He/She reads …*		
Ils/Elles lisent …	*They read …*		
Il/Elle regarde …	*He/She watches …*		
Ils/Elles regardent …	*They watch …*		
Il/Elle aime …	*He/She likes …*		
Ils/Elles aiment …	*They like …*		

MODULE 1 L'HEXAGONE

À toi! A

1 Où habitent Danièle, Alain et Fatima? Remplis la grille.

	Ville	Où	Combien de temps?	Aime?	Pourquoi?
Danièle					
Alain					
Fatima					

> J'habite à Mulhouse. C'est dans l'est de la France. C'est une ville industrielle. On fait des voitures Peugeot ici. J'habite ici depuis deux ans. Je n'aime pas habiter ici parce que on ne peut pas faire de canoë ou d'escalade.
> **Danièle**

> J'habite à Marseille. C'est un grand port commercial. Il se trouve dans le sud de la France. Il y a de grands bateaux dans le port. J'habite ici depuis trois ans. J'aime habiter ici parce qu'on peut faire de la plongée et de la planche à voile.
> **Alain**

> J'habite à Cannes. C'est une ville touristique. Elle se trouve sur la côte d'Azur, dans le sud de la France. Il y a beaucoup de touristes. J'habite ici depuis toujours. Je suis née à Cannes. J'adore habiter ici parce qu'on peut aller à la plage et on peut se baigner.
> **Fatima**

2 Tu habites à Bonneville-sur-mer. C'est comment?

J'habite à …
C'est une grande/petite ville (industrielle/commerciale/pittoresque/ historique)
C'est dans le (nord/sud) …
J'habite ici depuis …
J'aime habiter/Je n'aime pas habiter ici parce qu'on peut …

3 Et toi? Où habites-tu? C'est comment?

MODULE 1 — À toi! B

1 Copie et remplis la grille.

avec qui	 🍔🥤	 🛶	 🏊	 🏐	 🎾	 🚴	autre	n'aime pas
1								
2								

1. Hier, je suis allé à Aqua Park avec mon frère. J'ai nagé, j'ai joué au volley-ball, j'ai bavardé avec mes copains et j'ai mangé au snack, mais je n'ai pas fait de canoë, parce que je n'aime pas ça. **Frédérique**

2. Je suis allée à Aqua Park avec ma sœur, et j'ai joué au tennis, j'ai nagé, j'ai bu un Orangina et j'ai joué au minigolf, mais je n'ai pas joué au volley-ball parce que je n'aime pas ça. **Argentelle**

3. Je suis allé à Aqua Park avec mes copains et j'ai nagé, j'ai joué au volley-ball, j'ai dragué les filles et j'ai fait du vélo mais je n'ai pas joué au tennis parce que je n'aime pas ça. **Mathieu**

4. Hier je suis allé à Aqua Park avec ma copine, et j'ai nagé, j'ai joué au tennis, j'ai fait du VTT. Puis j'ai mangé un burger et j'ai bu un coca mais je n'ai pas joué au volley parce que je n'aime pas ça. **Ahmed**

5. Hier je suis allée à Aqua Park avec mon copain. J'ai bavardé, j'ai nagé, j'ai écouté de la musique et j'ai fait du canoë mais je n'ai pas mangé parce que je n'aime pas les burgers. **Lætitia**

2 Hier tu es allé(e) à Aqua Park. Décris ce que tu as fait.

Hier je suis allé(e) à Aqua Park avec 👥.

J'ai 🗣️ 🏊 ⛳ 🍔🍟 🎾 🏐

mais je n'ai pas fait de  🛶 ou de 🚴 parce que je n'aime pas ça.

À toi! A

Module 2 J'ARRIVE

1 Trouve la photo qui correspond.

1. Ça c'est ma mère. Elle s'appelle Adeline. Elle a trente-huit ans et elle est informaticienne.

2. Mon père s'appelle Jacques, il a quarante-deux ans et il travaille dans une banque.

3. Mes grands-parents s'appellent Jocelyn et Armand et ils ont soixante et soixante-quatre ans. Ils habitent une ferme à la campagne et ils s'occupent des animaux.

4. Ma demi-sœur s'appelle Déborah. Elle a dix-neuf ans et elle est infirmière.

5. Mon demi-frère a vingt ans. Il s'appelle Hervé et il est étudiant.

6. Le chien s'appelle Bruno, il a trois ans, et il aide mes grands-parents à la ferme.

2 Où habitent-ils?

A J'habite une petite maison à deux étages. Nous avons un grand jardin. — Laurent

B J'habite un appartment au troisième étage. Nous avons un balcon mais nous n'avons pas de jardin. — Adrien

C J'habite une maison en ville. Nous n'avons pas de garage. — Luc

3 Où habites-tu? C'est comment?

A

B

128 cent vingt-huit

MODULE 2 — À toi! B

1 Trouve la phrase qui correspond.

A B C D E F

1 J'ai faim.
2 J'ai soif.
3 J'ai froid.
4 Je suis fatigué(e).
5 J'ai chaud.
6 J'ai mal à la tête.

2 Trouve la bonne réponse à chaque question.

1 Avez-vous un pull pour moi?
2 Avez-vous des aspirines?
3 Avez-vous une serviette pour moi?
4 Est-ce que je peux avoir quelque chose à boire?
5 Est-ce que je peux avoir quelque chose à manger?
6 Est-ce que je peux aller au lit?

A Voilà des comprimés. C'est comme de l'aspirine.
B Quelle taille, petit, moyen ou grand?
C Du chocolat chaud ou du coca?
D Oui, tu peux te coucher.
E Un sandwich au jambon, ça te va?
F Il y en a une sur ton lit.

3 Est-ce que tu peux … ? Que dis-tu?

A B C D E F G

cent vingt-neuf 129

MODULE 3 — À toi! A

1 Qu'est-ce qu'ils vont faire demain? Trouve les images qui correspondent.

	matin	après-midi	soir
1			
2			
3			
4			
5			

1 Demain, c'est samedi et le matin tu vas jouer au foot. L'après-midi on va faire une balade à vélo dans la forêt avec Gilles, et le soir nous allons regarder une vidéo chez Maurice.

2 Demain tu vas aller au château Beauregard. Tu vas pique-niquer dans le parc et tu vas visiter le château. L'après-midi tu vas faire du kayak sur la rivière et le soir on va manger au restaurant.

3 Demain on va prendre le bus pour aller en ville faire du shopping. On va déjeuner au snack et l'après-midi on va aller à la piscine. Le soir on va chez Muriel pour regarder une vidéo.

4 Demain matin tu vas rester à la maison. L'après-midi on va en ville et le soir on va à une boum chez Mélissa. Elle va faire une barbecue.

5 Demain matin tu vas faire une balade à vélo dans la forêt. Tu vas pique-niquer au bord de la rivière et l'après-midi on va faire du kayak. Le soir on va dîner au restaurant et puis on va jouer aux cartes.

2 Sylvain vient chez vous. Explique-lui ce qu'il va faire.

Demain matin on va … 🚌 🍔 🍽️ .   L'après-midi on va 🚴 🏐 .

Le soir on va 💃 🧺 .   Dimanche matin tu vas 🛏️ 🚶 .

L'après-midi tu vas 🏰 🛶 .   Le soir tu vas 📼 🃏 🎵 .

130 cent trente

MODULE 3

À toi! B

1 Où veulent-ils aller?
Where do they want to go?

1 Je voudrais des aspirines.
2 Je voudrais voir un film avec Brad Pitt.
3 J'ai un nouveau maillot de bain.
4 Je vais acheter des timbres.
5 Je prends le train pour rentrer.

Où est la gare?
Où est la poste?
Où est le cinéma?
Où est la pharmacie?
Où est la piscine?

2 Où vont-ils?

1 Vous prenez la première rue à droite.
2 Vous allez tout droit et traversez le pont.
3 Vous prenez la deuxième rue à gauche.
4 Vous prenez la première rue à gauche.
5 Vous allez tout droit, traversez le pont et tournez à droite.
6 Vous prenez le bus! C'est loin!

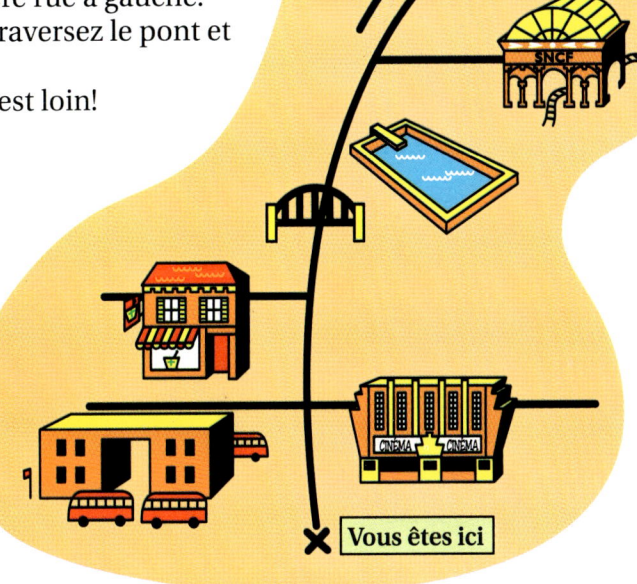

3 Donnez des directions.

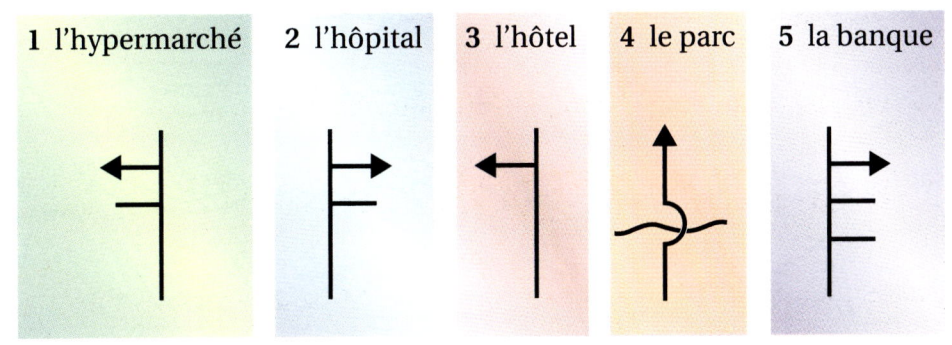

1 l'hypermarché
2 l'hôpital
3 l'hôtel
4 le parc
5 la banque

cent trente et un 131

À toi! A

1 Que font-ils pour garder la forme? Combien de fois par semaine?

	activité	combien de fois
1		
2		

1 Je fais du jogging deux fois par semaine et de la musculation une fois par semaine.

2 Je fais du taï-chi le mercredi et le dimanche et je fais du jogging le vendredi et le samedi.

3 Je ne fais rien.

4 Je fais du cyclisme trois fois par semaine et de la musculation une fois par semaine.

5 Je fais de la natation le lundi, mardi, jeudi et vendredi matin avant d'aller au collège et le mercredi après-midi.

6 J'ai un cours de danse trois fois par semaine et je fais une heure d'aérobic tous les jours.

2 Que mangent et boivent-ils?

Exemple: Pour le pétit déjeuner, Corinne mange des céréales et boit du chocolat chaud.

petit déjeuner   déjeuner   dîner

Corinne

Aurélie

Marc

Nicole

Choisis une personne et donne-lui un conseil.
Choose one person and give them some advice.

cent trente-deux

MODULE 4 — À toi! B

1 Trouve les images qui correspondent.

A B C D E
F G H I J

1. Ce que je mange? Eh bien, des burgers, des frites ou des chips. **Paul**
2. Pour aller en ville? Non, je n'y vais pas à pied, je prends le bus. **Stéphanie**
3. As-tu une cigarette pour moi? Je n'en ai plus. **Yannick**
4. Je ne me couche jamais avant 10 heures. **Isabelle**
5. Je n'aime pas sortir, je préfère rester à la maison et lire un livre. **Jamel**
6. Je voudrais un coca, s'il vous plaît. **Marc**
7. Mon casque? Si, je fais du VTT, mais … je ne porte pas de casque. **Roman**
8. Je vais me faire bronzer mais je ne mets pas de crème anti-solaire, pour bronzer plus rapidement. **Françoise**
9. J'adore regarder la télé, j'ai une télé dans ma chambre et je regarde des films le soir quand j'ai fini mes devoirs. **Olivier**
10. Je déteste le sport. Je n'en fais pas. **Aïcha**

2 Choisis trois personnes et donne-leur un conseil.

Il ne faut pas manger … boire … fumer … prendre …	parce que ce n'est pas bon pour la santé.	
Il faut manger … boire … faire … regarder … mettre …	plus de …	pour garder la forme.
Il faut marcher davantage.		

cent trente-trois 133

À toi! A

MODULE 5 — LA MODE!

1 Lis. Qui est-ce?

A   **B**   **C**   **D**

1. Je porte un tee-shirt bleu, un jean bleu et des tennis blanches. **Jérémie**
2. Je porte un polo blanc, un jean bleu, des chaussettes blanches et des baskets noires. **Lucille**
3. Je porte un polo rose, un pantalon noir et des chaussures bleues. **Nicolas**
4. Je porte un tee-shirt rouge, un pantalon noir et des baskets rouges. **Amande**

2 À minuit ils se lèvent. Que mettent-ils?

Exemple: Amande met un polo blanc …

1. Dans le noir Amande met le polo rose de Nicolas, le pantalon de Lucille et les chaussures de Nicolas.
2. Nicolas met le tee-shirt d'Amande, le jean bleu de Jérémie et les baskets et les chaussettes de Lucille.
3. Lucille met le tee-shirt et les tennis de Jérémie et le pantalon d'Amande.
4. Jérémie met le polo de Lucille, le pantalon de Nicolas et les baskets d'Amande.

3 Qui est-ce?

A   **B**   **C**

1. J'ai besoin d'arrêter de fumer.
2. J'ai besoin de faire un régime.
3. J'ai besoin de sortir avec la bande.

4 Tu as quels problèmes?

MODULE 5 — À toi! B

1 Argent de poche. Trouve les images qui correspondent.

A B C D E
F G H I J

1 Pour gagner de l'argent de poche je fais du babysitting pour une amie de ma mère. Elle va à un cours le jeudi soir et je m'occupe de son petit enfant. Je mets mon argent de côté pour les vacances.
2 Si je range ma chambre mes parents me donnent de l'argent de poche. Je mets l'argent de côté pour acheter des CD.
3 Pour avoir de l'argent de poche je fais la vaisselle et je passe l'aspirateur. Je mets mon argent de côté pour acheter un téléphone portable, parce que mon copain en a un.
4 Pour gagner de l'argent je lave la voiture. J'achète des magazines et des snacks.
5 Si j'ai de bonnes notes mes parents me donnent de l'argent. Je dépense mon argent pour acheter des vêtements.

2 Que font-ils pour gagner de l'argent et que font-ils avec leur argent?

Exemple: Pour gagner de l'argent (Florence) fait … Elle achète …/met son argent de côté pour …

Florence   Damien   Delphine   Jules

3 Qui est … ?

bavard(e)   timide   égoïste   intelligent(e)   gentil(le)   marrant(e)   stupide

1 Laurent ne parle pas beaucoup.
2 Luc fait des bêtises.
3 Martin parle tout le temps.
4 Hélène aide toujours les autres.
5 Simon est drôle.
6 Aurélie ne pense pas aux autres.
7 Nathan a de bonnes notes.

4 Ils sont comment?

Patrice   Charlotte

MODULE 6 À toi! A

1 Lis l'interview et réponds aux questions.

Comment t'appelles-tu?
Je m'appelle Carlo.
Quel âge as-tu?
J'ai seize ans.
Quelle est la date de ton anniversaire?
Le 26 octobre.
Quel est ton signe astrologique?
Scorpion.
Tu es de quelle nationalité ?
Je suis italien.
Où habites-tu?
Paris.
Tu y habites depuis quand?
J'habite ici depuis dix ans.
As-tu des frères et sœurs?
Oui, j'ai trois petits frères et une petite sœur.
Que fais-tu de ton temps libre?
Je joue de la guitare et je chante.
Quel est ton plat préféré?
J'adore les pâtes, les spaghettis et les pizzas.
Qu'est-ce que tu aimes?
J'aime la musique, j'aime le soleil et j'aime ma famille.
Qu'est-ce que tu n'aimes pas?
Ce que je n'aime pas, c'est la pluie et la pollution.

1 Comment s'appelle-t-il ?
2 Il a quel âge?
3 Quel est son signe astrologique?
4 Il est de quelle nationalité?
5 Où habite-il?
6 Il y habite depuis quand?
7 A-t-il des frères et sœurs?
8 Que fait-il de son temps libre?
9 Quel est son plat préféré?
10 Qu'est-ce qu'il aime et qu'est-ce qu'il n'aime pas?

2 Écris un article sur Véréna Muller. Copie et complète le texte avec les mots donnés.

Véréna Muller … 18 ans. Elle … suisse, mais elle … à Paris depuis 10 ans. Elle … français et espagnol. Elle est très sportive. Elle … de la planche à voile et elle … au volley-ball. Elle … les pâtes, les spaghettis et les pizzas et elle … de l'eau. Elle … la musique pop, le soleil et la famille. Elle … la pluie et la pollution.

| a | aime | boit | déteste | est | fait | habite | joue | mange | parle |

MODULE 6

À toi! B

1 Lis les réponses et trouve les questions qui correspondent.

   a Je m'appelle Daniel Dufour.
   b Je suis photographe animalier.
   c Je prépare un long voyage.
   d Je vais en Afrique.
   e Je pars tout seul.
   f Trois mois.
   g Dans deux jours.
   h En mon Landrover.
   i J'ai un sac de couchage et une tente.
   j J'ai un téléphone portable.

   1 Avec qui partez-vous?
   2 Comment restez-vous en contact?
   3 Comment vous appelez-vous?
   4 Comment voyagez-vous ?
   5 Où allez-vous ?
   6 Où dormez-vous?
   7 Combien de temps y restez-vous?
   8 Quand partez-vous?
   9 Que faites-vous comme métier?
   10 Que faites-vous en ce moment?

2 Écris un article 'Daniel Dufour: photographe extraordinaire'.

3 Fais une interview avec Gérard Beaulieu, biologiste.

5 septembre
1 mois

cent trente-sept 137

Grammaire

1 Verbs	**3 Adjectives**
1.1 Which form to use	3.1 How to say big, small, blue, blonde, etc.
1.2 Regular -er verbs	3.2 The comparative: saying something is bigger/smaller
1.3 Irregular verbs	
1.4 Reflexive verbs	3.3 The superlative: saying who is tallest or shortest
1.5 The imperative	
1.6 The near future (*le futur proche*)	3.4 Possessive adjectives: 'my', 'your', 'his/her' and 'our'
1.7 Talking about the past (*le passé composé*)	3.5 Saying 'this' or 'these'
1.8 The negative: saying you don't do something	**4 Prepositions**
1.9 The interrogative: asking a question	**5 Question words**
1.10 The conditional: saying I would …	**6 Conjunctions**
1.11 Since: *depuis*	**7 Expressing an opinion**
1.12 Say what you *have to* do	**8 The alphabet and accents**
1.13 Expressions with *avoir*	**9 Numbers**
1.14 Saying you like doing something	**10 Quantities**
1.15 Saying you can do something	**11 Time expressions**
2 Nouns	**12 Telling the time**
2.1 Gender (masculine and feminine)	
2.2 The plural	
2.3 Saying 'some': *de + le/la/l'/les*	
2.4 Saying 'to': *à + le/la/l'/les*	

1 Verbs

Verbs are action words. They describe what someone or something does, e.g. I go; you eat; the boy plays.

When you look a verb up in the dictionary, it is given in the infinitive, e.g. to be – **être**; to do – **faire**; to eat – **manger**; to have – **avoir**; to live – **habiter**; to play – **jouer**.

1.1 Which form to use

When you talk about yourself	(I)	use the **je** form of the verb.
When you talk to a friend	(you)	use the **tu** form of the verb.
When you talk about someone else	(he/she)	use the **il/elle** form of the verb.
When you talk about us	(we)	use the **nous** form of the verb.
If you are talking to an older person or a group of people	(you)	use the **vous** form of the verb.
If you are talking about a group of people	(they)	use the **ils/elles** form of the verb.

cent trente-huit

💡 In French they sometimes use **on** (one) to translate 'we'. **On** takes the **il/elle** form of the verb e.g. On va en ville. *We are going to town.*

1.2 Regular *-er* verbs

Most verbs which end in **-er** follow the same pattern.

jouer – *to play*

Singulier		Pluriel	
je joue	*I play*	nous jouons	*we play*
tu joues	*you play*	vous jouez	*you play*
il/elle joue	*he/she plays*	ils/elles jouent	*they play*

💡 Although the spelling changes, the **je, tu, il/elle** and **ils/elles** form all sound the same!

Other **-er** verbs:
aimer	*to like*
écouter	*to listen*
habiter	*to live*
regarder	*to watch*

1.3 Irregular verbs

Some of the most useful verbs are irregular. Irregular verbs have a pattern of their own so you need to learn them.

avoir – *to have*

Singulier	Pluriel
j'ai *I have*	nous avons *we have*
tu as *you have*	vous avez *you have*
il/elle a *he/she has*	ils/elles ont *they have*

être – *to be*

Singulier	Pluriel
je suis *I am*	nous sommes *we are*
tu es *you are*	vous êtes *you are*
il/elle est *he/she is*	ils/elles sont *they are*

faire – *to do*

Singulier	Pluriel
je fais *I do*	nous faisons *we do*
tu fais *you do*	vous faites *you do*
il/elle fait *he/she does*	ils/elles font *they do*

aller – *to go*

Singulier	Pluriel
je vais *I go*	nous allons *we go*
tu vas *you go*	vous allez *you go*
il/elle va *he/she goes*	ils/elles vont *they go*

Grammaire

cent trente-neuf

1.4 Reflexive verbs

Some verbs are called 'reflexive' verbs because they add **me/te/se/nous/vous** in front of the verb, e.g. **se coucher** – *to go to bed*.

Singulier	*Pluriel*
je me couche *I go to bed*	nous nous couchons *we go to bed*
tu te couches *you go to bed*	vous vous couchez *you go to bed*
il/elle se couche *he/she goes to bed*	ils/elles se couchent *they go to bed*

These verbs behave in the same way:

s'appeler	*to be called*	(je m'appelle)
se réveiller	*to wake up*	(je me réveille)
se lever	*to get up*	(je me lève)
se doucher	*to have a shower*	(je me douche)
s'habiller	*to get dressed*	(je m'habille)
se laver	*to get washed*	(je me lave)

> 💡 Before a vowel or 'h', **me/te/se** becomes **m'/t'/s'**.

1.5 The imperative

You use the imperative when you are giving instructions or directions. The imperative is the 'you' form of the verb without the 'you', e.g. go, listen, be quiet. In French you use the **tu** or **vous** form without the **tu** or **vous**. In the **tu** form -**er** verbs drop the final –**s**, e.g. **regarde**, **joue**.

Remember you use the **tu** form when speaking to someone you know well or someone younger, e.g. **vas, écoute, mange**. You use the **vous** form when talking to someone older, someone you don't know or more than one person, e.g. **allez, écoutez, mangez**.

Reflexive verbs have a reflexive pronoun, e.g. **Tais-toi, Taisez-vous, Assieds-toi, Asseyez-vous**.

1.6 The near future (*le futur proche*)

You use the near future to talk about what you are going to do. In French you use the verb 'to go' (**aller**) just as you do in English, e.g.

Je vais aller …	*I am going to go …*
Tu vas voir le film.	*You are going to see the film.*
Il va manger un croissant.	*He is going to eat a croissant.*
Nous allons faire une balade en vélo.	*We are going to go for a bike ride.*
Vous allez jouer au basket.	*You are going to play basketball.*
Ils/Elles vont aller en ville.	*They are going to go to town.*

1.7 Talking about the past (*le passé composé*)

You use the perfect tense to talk about the past. In French this is called the **passé composé** because it is 'composed' of two parts: the auxiliary or 'helper' verb and the past participle.

Part 1: auxiliary	*Part 2: past participle*	
J'ai	acheté.	*I have bought.*
J'ai	vu.	*I have seen.*
Il a	mangé.	*He has eaten.*

Part 1 is the helper verb (**avoir** or **être**).
Part 2 is the past participle of the main verb.

Most verbs 'go with' **avoir** (just as in English) but in French some verbs 'go with' **être**.

1	2	
Je suis	allé(e).	*I have (literally: am) gone.*
Ils sont	rentrés.	*They have (literally: are) returned.*

> 💡 **aller** and **rentrer** are two of the verbs which 'go with' **être**.
> When you are writing you have to remember to make the past participle 'agree', but when you are speaking you can't hear the difference, e.g. **Il est allé. Elle est allée**.

To make the past participle of a verb which ends in –**er**, you take off the –**er** and add **é**, e.g.

acheter	acheté
aimer	aimé
habiter	habité
manger	mangé
regarder	regardé
parler	parlé
porter	porté

Some verbs have irregular past participles but they are quite easy to remember!

avoir	eu	faire	fait
boire	bu	écrire	écrit
voir	vu		
lire	lu		

cent quarante et un

1.8 The negative: saying you don't do something

You put **ne** in front of the verb and **pas** after it.

Je ne mange pas.	*I don't eat.*
Je ne bois pas.	*I don't drink.*
Il ne va pas en ville.	*He isn't going to town.*

To say you never do it, use **ne ... jamais**.
Je ne mange jamais de frites. *I never eat chips.*

To say you don't do anything, use **ne ... rien**.
Je ne fais rien ce soir. *I am not doing anything this evening.*

1.9 The interrogative: asking a question

You use the **tu** or **vous** form.

You can ask a question:

a *by raising your voice;*
  Tu as un crayon?

b *by changing the order;*
  As-tu un crayon?

When you are asking about someone else, you have to add **–t** to make it easier to pronounce e.g. **A-t-il/elle un crayon?**

c *or by putting* Est-ce que *... in front of the question.*
  Est-ce que tu peux m'aider?

1.10 The conditional: saying 'I would ...'

To say you 'would' do something you use the part of the verb called 'the conditional'.

vouloir *to want*

je voudrais	*I would like*	nous voudrions	*we would like*
tu voudrais	*you would like*	vous voudriez	*you would like*
il/elle voudrait	*he/she would like*	ils/elles voudraient	*they would like*

Other useful forms of the conditional:

| je pourrais | *I could* |
| j'aimerais | *I would like* |

1.11 Since: *depuis*

In English we use the perfect tense to say how long we have been doing something. In French you use **depuis** (since) and the present tense.

e.g. *I have lived in Paris for ten years.* – J'habite à Paris depuis dix ans. (Literally: I live in Paris since 10 years.)

I have been learning French for two years. – J'apprends le français depuis deux ans. (Literally: I learn French since 2 years.)

1.12 Saying what you *have* to do

Il faut + infinitive	*It is necessary to …*
Il faut aller en ville.	*You have to go to town.*
Il faut cliquer sur ...	*You have to click on…*

Saying what you need:

Il me faut	*I need*
Il te faut	*You need*

1.13 Expressions with *avoir*

In French they use **avoir** in some expressions where we use the verb 'to be' in English.

I am 14 years old.	*J'ai quatorze ans.*
I am thirsty.	*J'ai soif.*
I am hungry.	*J'ai faim.*
I am hot/cold.	*J'ai chaud/froid.*
I need ...	*J'ai besoin de ...*

1.14 Saying you like doing something

In French you say you like 'to' do something, e.g.

J'aime aller en ville.	*I like going to town.*
J'aime jouer au football.	*I like playing football.*
J'aime jouer de la guitare.	*I like playing the guitar.*

Notice you use **jouer à/au** with sports and **jouer de la/du** with musical instruments.

1.15 Saying you can do something

Use **on peut** + infinitive.

On peut jouer au tennis.	*You can play tennis.*
On peut aller en ville.	*You can go to town.*

2 Nouns

Nouns are naming words. In English you can use the word 'a' or 'the' in front of a noun.

2.1 Gender (masculine and feminine)

Remember that all French nouns are either masculine or feminine (he or she). In French there is no word for 'it'.

le livre	the book	Il est grand.	*It is big (literally: he is big).*
la table	the table	Elle est petite.	*It is small (literally: she is small).*

cent quarante-trois 143

Grammaire

The words for 'the' and 'a':

	Masculin	Féminin	Pluriel
the	le (l')	la (l')	les
a	un	une	des

Remember you use **l'** before words which begin with a vowel or a silent 'h', e.g. **l'eau** – *water*.

2.2 The plural

You use the plural if you are talking about more than one person or thing. To make the plural most words add **–s** (just as in English) but you don't pronounce it.
e.g. un frère, deux frères *one brother, two brothers*.

Words which already end in **–s** stay the same, e.g.
un bras, deux bras *one arm, two arms*.

Some words which end in **–ou**, **–eau** and **–eu** add an **x**, e.g.
un genou, deux genoux *one knee, two knees*
un château, deux châteaux *one castle, two castles*.

Some words which end in **–al** end in **–aux** in the plural, e.g.
un animal, deux animaux; un journal, deux journaux.

2.3 Saying 'some': *de + le/la/l'/les*

	Masculin	Féminin	Pluriel
the	le (l')	la (l')	les
some	du (de l')	de la (de l')	des
	du pain	de la confiture	des céréales

We don't always use 'some' in English but in French they always put it in, e.g.

Je mange des céréales.   *I eat (some) cereals.*
Je bois du lait.   *I drink (some) milk.*

But if you say you don't eat them use **de** or **d'** instead.

Je ne mange pas de pain.
              de confiture.
              de céréales.
Je ne bois pas d'eau.

2.4 Saying 'to': *à + le/la/l'/les*

When used in front of **le/la/les** the pronoun **à** (to) also combines with it.

Masculin	Féminin	Pluriel
au (à l')	à la (à l')	aux

144 cent quarante-quatre

au cinéma   *to the cinema*
à la piscine   *to the swimming pool*
à l'école   *to the school*
aux toilettes   *to the toilet(s)*

3   Adjectives

Adjectives are describing words. In French they have to 'agree' with the person or thing they are describing. Most adjectives add **–e** when you are talking about a girl or something feminine, **–s** when used with something in the masculine plural and **–es** in the feminine plural.

3.1   How to say big, small, blue, blonde, etc.

	Singulier		*Pluriel*	
	Masc.	*Fém.*	*Masc.*	*Fém.*
big	grand	grande	grands	grandes
small	petit	petite	petits	petites
blue	bleu	bleue	bleus	bleues
blonde	blond	blonde	blonds	blondes
rouge	rouge	rouge	rouges	rouges

Words which already end in **–e** stay the same in the singular.

3.2   The comparative: saying something is bigger/smaller

This is called the 'comparative' because you are comparing two things.

You use **plus grand(e)** or **plus petit(e)**.

Masculin	*Féminin*
Christophe est plus grand que Jérôme. *Christophe is bigger than Jérôme.*	Virginie est plus grande que Chloë. *Virginie is bigger than Chloë.*
Jérôme est plus petit que Christophe. *Jérôme is smaller than Christophe.*	Chloë est plus petite que Virginie. *Chloë is smaller than Virginie.*

3.3   The superlative: saying who is biggest or smallest

This is called the superlative because they are the best/biggest/smallest of a group.

Masculin	*Féminin*
Jérôme est le plus grand. *Jérôme is the biggest.*	Virginie est la plus grande. *Virginie is the biggest.*
Christophe est le plus petit. *Christophe is the smallest.*	Chloë est la plus petite. *Chloë is the smallest.*

3.4 Possessive adjectives: 'my', 'your', 'his/her' and 'our'

	Singulier		*Pluriel*	
	Masc.	*Fém.*	*Masc.*	*Fém.*
my friend(s)	mon copain	ma copine	mes copains	mes copines
your friend(s)	ton copain	ta copine	tes copains	tes copines
his/her friend(s)	son copain	sa copine	ses copains	ses copines
our friend(s)	notre copain	notre copine	nos copains	nos copines

> 💡 Notice there is only one word for both 'his' and 'her' in French.

3.5 Saying 'this' or 'these'

Masculin	*Féminin*	*Pluriel*
ce (cet)	cette	ces
ce livre	cette maison	ces chaussures

> 💡 In the masculine you use **cet** with words which begin with a vowel or 'h', e.g. **cet hôtel**.

4 Prepositions

Some prepostions tell you where something is.

dans	*in*	devant	*in front of*	derrière	*behind*
entre	*between*	en face de	*opposite*	près de	*near to*
sous	*under*	sur	*on*	en	*in*

Other useful prepositions:

à	*to*	de	*of*	avec	*with*		
sans	*without*	pour	*for*	après	*after*	depuis	*for/since*

5 Question words

These words introduce a question:

Quel/Quelle ...?	*Which ...?*	Comment?	*How? Pardon?*	Qui?	*Who?*
Combien?	*How many/much?*	Quand?	*When?*	Où?	*Where?*
Qu'est-ce que c'est?	*What is this?*	Que?	*What?*		

6 Conjunctions

Conjunctions are useful joining words.

et	*and*	mais	*but*	puis	*then*
ensuite	*next*	alors	*then*	après	*after*

7 Expressing an opinion

C'est génial; super; cool; intéressant; pas mal; fatigant; ennuyeux; nul

8 The alphabet and accents

a ah	j jee*	s ess
b bay	k ka	t tay
c say	l ell	u euh*
d day	m em	v vay
e uh*	n en	w dooblah vay
f eff	o oh	x icks
g j'ai*	p pay	y ee grec
h ash	q kue*	z zed
i ee	r err	

* These are the ones which are hard to say.

The **accent aigu** é is only found on an 'e' and changes the sound to 'ay'.
The **accent grave** è changes the 'e' sound to 'eh'.
The **accent grave** on à sounds 'ah'.
The **accent circonflexe** is found on â ê î ô û, but does not appreciably change the sound.
The **cédille** is only found on **ç** and it keeps the 'c' sound 'soft' as in **français**.

9 Numbers

1 un	15 quinze	71 soixante et onze
2 deux	16 seize	75 soixante-quinze
3 trois	17 dix-sept	80 quatre-vingts
4 quatre	18 dix-huit	81 quatre-vingt-un
5 cinq	19 dix-neuf	85 quatre-vingt-cinq
6 six	20 vingt	90 quatre-vingt-dix
7 sept	21 vingt et un	91 quatre-vingt-onze
8 huit	22 vingt-deux	99 quatre-vingt-dix-neuf
9 neuf	30 trente	100 cent
10 dix	40 quarante	101 cent un
11 onze	50 cinquante	200 deux cents
12 douze	60 soixante	201 deux cent un
13 treize	65 soixante-cinq	1000 mille
14 quatorze	70 soixante-dix	

first and last

premier/première *first*
deuxième *second*
troisième *third*
dernier/dernière *last*

10 Quantities

beaucoup de *a lot of*   trop de *too much*   assez de *enough*

1kg un kilo	
250g deux cent cinquante grammes	200g deux cents grammes
500g cinq cents grammes	100g cent grammes

Grammaire

cent quarante-sept

11 Time expressions

quand?	*when?*	aujourd'hui	*today*
demain	*tomorrow*	hier	*yesterday*
cet après-midi	*this afternoon*	ce matin	*this morning*
		ce soir	*this evening, tonight*

Days of the week: les jours de la semaine

lundi   mardi   mercredi   jeudi   vendredi   samedi   dimanche

Months of the year: les mois de l'année

janvier   février   mars   avril   mai   juin   juillet   août   septembre   octobre   novembre   décembre

e.g. Mon anniversaire est le (quinze août).

12 Telling the time

Il est une heure.	*It is one o'clock.*
Il est deux heures.	*It is two o'clock.*
Il est deux heures dix.	*It is ten past two.*
Il est deux heures et quart.	*It is quarter past two.*
Il est deux heures et demie.	*It is half past two.*
Il est trois heures moins le quart.	*It is quarter to three.*
Il est trois heures moins cinq.	*It is five to three.*

Remember that in France they use the 24 hr clock, so 5 p.m. becomes 17h00 (**dix-sept heures**) and 7 p.m. becomes 21h00 (**vingt et une heures**) etc.

Vocabulaire français–anglais

A

à *at, to*
d' abord *first of all*
absolument *absolutely*
un accident *an accident*
accompagner *to go with*
j'ai acheté *I bought*
acheter *to buy*
un(e) acteur/trice *an actor/tress*
actif/ive *active*
une activité physique *a physical activity*
l' actu(alité) (f) *current events*
j' adore ça *I love it*
adorer *to adore, to love*
un(e) adulte *an adult*
aérien(ne) *aerial*
l' aérobic (f) *aerobics*
aéronautique *related to aircrafts*
des affaires *belongings*
africain(e) *African*
l' Afrique du Nord (f) *North Africa*
l' Afrique du Sud (f) *South Africa*
l' âge (m) *age*
un agenda *a diary*
agiter *to wag (tail)*
un(e) agriculteur/trice *a farmer*
l' agriculture (f) *agriculture*
j' ai *I have*
aider *to help*
un aigle *an eagle*
ce que je n' aime pas, c'est… *what I don't like is…*
j' aime bien *I like (it)*
je t' aime *I love you*
aimer *to like, to love*
l' alcool (m) *alcohol*
alerte à (f)… *…warning*
un aliment *food*
l' alimentation (f) *food*
l' Allemagne (f) *Germany*
allemand(e) *German*
aller *to go*
aller au lit *to go to bed*
je suis allé(e) *I went*
les Alpes (fpl) *the Alps*
l' alphabet (m) *the alphabet*
l' Alsace (f) *Alsace region*
alsacien(ne) *Alsatian*
à une altitude de *at an altitude of*
l' ambiance (f) *the atmosphere*
une ambulance *an ambulance*
américain(e) *American*
l' Amérique du Sud (f) *South America*
un(e) ami(e) *a friend*
s' amuser *to enjoy oneself*
un an *a year*
ancien(ne) *old*
l' Angleterre (f) *England*
un animal *an animal*
des animaux *animals*
une année *a year*
un anniversaire *birthday*
annoncer *to announce*
il a 14 ans *he's 14 years old*
un appartement *a flat*
appeler *to call*
s' appeler *to be called*
je m' appelle *my name is*
apporter *to bring*
après *after*
après-demain *the day after tomorrow*
l' après-midi (m) *the afternoon*
apprendre *to learn*
aquatique *aquatic*
un arbre *a tree*
l' argent (m) *money*
mettre de l'argent de côté *to save money*
l' argent de poche (m) *pocket money*
arracher à *to snatch from*
l' arrêt de bus (m) *the bus stop*
arrêter *to stop*
mes arrière-grands-parents (mpl) *my great-grandparents*
arriver *to arrive*
l' art moderne (m) *modern art*
un article *an article*
un ascenseur *a lift*
un aspirateur *a hoover*
de l' aspirine (f) *aspirine*
assembler *to put together*
s' asseoir *to sit down*
asseyez-vous *sit down (vous command)*
assez *enough, quite*
pas assez de… *not enough…*
une assiette *a plate*
assis(e) *sat down*
faire attention *to be careful*
attraper *to catch*
aujourd'hui *today*
aussi *also, too*
authentique *authentic*
une autoroute *a motorway*
autre *other*
autre chose *something else*
les autres (m/fpl) *the others*
d' autrefois *from the past*
avec *with*
une averse *a rain shower*
avez-vous…? *have you (got)…?*
un avion *an aeroplane*
avoir *to have*
nous avons *we have*

B

faire du babysitting *to babysit*
le badminton *badminton*
se baigner *to bathe*
baisser *to lower*
une balade à vélo *a bike ride*
se balader *to go for a stroll*
une balançoire *a swing*
un balcon *a balcony*
un ballon *a ball*
une banane *a banana*
une bande *a gang*
une banque *a bank*
un barbecue *a barbecue*
en bas *downstairs*
le basket(-ball) *basketball*
des baskets (fpl) *trainers*
un bassin *a pool*
un bateau *a boat*
la batterie *the drums*
un batteur *a drummer*
bavard(e) *chatty*
j'ai bavardé *I chatted*
bavarder *to chat*
beau *good-looking (m)*
il fait beau *the weather's fine*
beaucoup de *many*
le beau temps *nice weather*
belge *Belgian*
la Belgique *Belgium*
belle *good-looking (f)*
j'ai besoin de *I need*
une bêtise *a stupid thing*
du béton *concrete*
le beurre *butter*
bien *good, well*
bien sûr *of course*
bienvenu(e) *welcome*
une bière *a beer*
un biscuit *a biscuit*
blanc(he) *white*
blessé(e) *injured*
bleu(e) *blue*
blond(e) *blond*
le bœuf *beef*
bof! *dunno!*
boire *to drink*
une boîte *a tin*
un bol *a bowl*
un bonbon *a sweet*
bonjour *hello*
bon(ne) *good*
de bonne heure *very early*
un bonnet *a swimming cap*
le bord *the edge*
au bord de la mer *at the seaside*
la bouche *the mouth*
bouger *to move*
un boulevard *a boulevard*
une boum *a party*
une bouteille *a bottle*

cent quarante-neuf 149

Vocabulaire

une bouteille d'eau *water bottle*
une boutique *a shop*
le bowling *bowling*
le bras *the arm*
la Bretagne *Brittany*
le breton *Breton (language)*
briller *to shine*
(se faire) bronzer *to get a tan*
le brouillard *fog*
j'ai bu *I drank*
un burger *a hamburger*
en bus *by bus*
un but *a goal, an aim*
buvez! *drink! (vous command)*

C

ça *that, it*
un cadeau *a present*
un café *a coffee / a café*
calculer *to calculate*
calme *quiet*
un caméléon *a cameleon*
un camion *a lorry*
la campagne *the countryside*
le camping *the camp site, camping*
le Canada *Canada*
le cancer *cancer*
le canoë *canoeing*
la cantine *the canteen*
la capitale *the capital*
en car *by coach*
caractérisé par *characterised by*
carambolé(e) *in a pile-up*
une carotte *a carrot*
un carrefour *a junction*
une carte *a card*
jouer aux cartes *to play cards*
une carte postale *a postcard*
en cas de *in case of*
un casque *a helmet*
casser *to break*
une cassette *a tape*
une cathédrale *a cathedral*
à cause de *due to*
ça va? *are you all right?*
la cave *the cellar*
ce *this (m)*
une centrale nucléaire *a nuclear plant*
le centre *the centre*
le centre commercial *the shopping centre*
le centre-ville *the town centre*
des céréales (fpl) *cereals*
ces *these*
c'est *it is*
c'est-à-dire *i.e, that is (to say)*
cet *this (m) (in front of vowel or silent 'h')*
c'était *it was*
cette *this (f)*
une chaîne de montagnes *a mountain range*

la chambre *the bedroom*
un champion *a champion*
une chanson *a song*
chanter *to sing*
un(e) chanteur/euse *a singer*
chaque *each*
un chariot *a trolley*
charmant(e) *charming*
un chat *a cat*
châtain *chestnut brown*
un château *a castle*
il fait chaud *it's hot*
j'ai chaud *I'm hot*
se chauffer *to warm oneself*
des chaussettes (fpl) *socks*
des chaussures (fpl) *shoes*
le chemin de fer *the railway*
une cheminée *a fireplace*
une chemise *a shirt*
un chemisier *a blouse*
cher/chère *expensive, dear*
chercher *to look for, to seek*
un cheval *a horse*
des chevaux (mpl) *horses*
les cheveux (mpl) *hair*
chez Marc *at Marc's house*
chez moi *at my house, at home*
un chien *a dog*
un chiffre arabe *an Arabic numeral*
un chimpanzé *a chimpanzee*
la Chine *China*
des chips (fpl) *crisps*
un chocolat chaud *a hot chocolate*
choisir *to choose*
au chômage *unemployed*
une chose *a thing*
la cime *tree top*
le cinéma *the cinema*
en classe *in class*
classique *classical*
faire le clown *to mess about*
le club des jeunes *the youthclub*
un coca *a Coke*
par cœur *by heart*
un(e) coiffeur/euse *a hairdresser*
un coin-repas *a dining area*
le collège *secondary school (ages 10-15)*
combien (de)? *how much/many?*
une combinaison étanche *a waterproof suit*
comme *like, as*
commencer (à) *to begin (to)*
comment? *how?*
il est comment? *what is he like?*
le commerce *business*
commercial(e) *commercial*
une commune *a town*

comprendre *to understand*
un comprimé *a tablet*
à son compte *self-employed*
compter *to count*
un concert *a concert*
un conducteur *a driver*
un conseil *some advice*
en contact (avec) *in contact (with)*
content(e) *happy*
continuer à *to carry on*
cool! *cool!*
un copain *a friend (m)*
une copine *a friend (f)*
la Corée du Sud *South Korea*
des cornflakes (mpl) *cornflakes*
le corps *the body*
un(e) corres(pondant(e)) *a penfriend*
cosmopolite *cosmopolitan*
la Côte d'Azur *the French Riviera*
à côté de *next to*
en coton *made of cotton*
le cou *the neck*
je me couche *I go to bed*
se coucher *to go to bed*
couler *to flow*
la couleur *colour*
couper *to cut*
un cours *a lesson*
les courses (fpl) *shopping (food)*
le couscous *couscous*
mon/ma cousin(e) *my cousin*
un couteau *a knife*
ça coûte combien? *how much is it?*
croire *to think, to believe*
des crudités (fpl) *raw vegetables*
une (petite) cuillère *a (tea)spoon*
la cuisine *the kitchen/cooking*
un(e) cuisinier/ière *a cook*
faire cuire *to cook*
cuit(e) *cooked*
le cyanure *cyanide*
un cybercriminel *an Internet hacker*
le cyclisme *cycling*
un cyclone *a cyclone*

D

dans *in*
j'ai dansé *I danced*
la danse *dancing*
danser *to dance*
un(e) danseur/euse *a dancer*
le Danube *the Danube*
un dauphin *a dolphin*
davantage (de) *more*
de *of, from*
de… à… *from… to…*
débarrasser la table *to clear the table*

Vocabulaire

déborder *to overflow*
les déchets industriels (mpl) *industrial waste*
la découverte *the discovery*
découvrir *to discover*
dehors *outside*
déjeuner *to have lunch*
le déjeuner *lunch*
demain *tomorrow*
demander à *to ask*
2 heures et demie *half past two*
le demi-frère *half-brother*
la demi-sœur *half-sister*
le départ *departure*
se dépêcher *to hurry*
dépêche-toi! *hurry up!*
dépenser *to spend*
depuis *for, since*
depuis quand? *since when?*
on habite ici depuis toujours *we've always lived there*
dernier/ière *last*
samedi dernier *last Saturday*
des *some (plural of un/une)*
descendre *to go down, to take down, to get off*
le désert *the desert*
un dessin *a drawing*
un détective *a detective*
ça détend *it's relaxing*
se détendre *to relax*
détendez-vous! *relax! (vous command)*
je déteste *I hate*
à deux *in pairs*
deuxième *second*
devant *in front of*
devenir *to become*
deviner *to guess*
les devoirs (mpl) *homework*
dimanche *Sunday*
j'ai dîné *I had dinner*
le dîner *dinner*
la direction *direction*
la discipline *discipline*
dis-moi *tell me (tu command)*
se disputer *to argue*
on s'est disputé *we argued*
un disque *a record*
distribuer *to give out*
un documentaire *a documentary*
un doigt *a finger*
un doigt de pied *a toe*
je dois *I must*
le domicile *place of residence*
dominer *to dominate*
donner *to give*
donner sur *to overlook*
la Dordogne *the Dordogne*
dormir *to sleep*
doucement *slowly*
une douche *a shower*
doué(e) *talented*
draguer *to chat up*

une droguerie *hardware shop*
à droite *on the right*
tout droit *straight on*
du *of the (m)*
durer *to last*

E

l' eau (f) *water*
l' école (f) *school*
l' Écosse (f) *Scotland*
écouter *to listen*
écrire *to write*
égoïste *selfish*
un électricien *an electrician*
un éléphant *an elephant*
elle(s) *she/they (f)*
embouteiller *to block roads*
emmener *to take someone*
émouvant(e) *moving*
empoisonner *to poison*
emprunter *to borrow*
en *some, any, in*
pas encore *not yet*
s' endormir *to fall asleep*
un endroit *a place*
énerver *to annoy*
tu m' énerves *you get on my nerves*
énorme *huge*
ensemble *together*
ensuite *then*
bien s' entendre *to get on well*
entourer *to surround*
l' entraînement (m) *practice*
s' entraîner *to practise*
entrer *to enter, to come in*
laisser entrer *to let (someone) in*
environ *about*
envoyer *to send*
l' épaule (f) *the shoulder*
perdre l' équilibre (m) *to lose balance*
une équipe *a team*
un équipement *equipment*
l' équitation (f) *horse riding*
une éruption *an eruption*
l' escalade (f) *climbing*
un escargot *a snail*
l' espace (m) *space*
l' Espagne (f) *Spain*
espagnol(e) *Spanish*
espérer *to hope*
il/elle est *he/she is*
l' est (m) *the east*
et *and*
1er, 2e étage *1st, 2nd floor*
étanche *waterproof*
les États-Unis (mpl) *the United States*
l' été (m) *summer*
être *to be*
un(e) étudiant(e) *a student*
étudier *to study*
eux *them*
chez eux *at their house*

l' évier (m) *the sink*
par exemple *for example*
un exercice *exercise*
expliquer *to explain*
une salle d'exposition *a showroom*
(l') extérieur (m) *outside*
c'est extra *it's great*

F

fabriquer *to make*
en face de *opposite*
facile *easy*
j'ai faim *I'm hungry*
faire *to do, to make*
je ne fais rien *I don't do anything*
que fais-tu? *what are you doing?*
j'ai fait *I did, I made*
faites *do, make (vous command)*
que fait-il dans la vie? *what does he do for a living?*
la famille *family*
farfelu(e) *scatty*
que tu fasses *that you might make*
un fast food *a fast-food restaurant*
fatiguant *tiresome*
je suis fatigué(e) *I am tired*
se faufiler *to edge one's way*
il faut *you need (to)*
faux/fausse *false, wrong*
la fenêtre *the window*
le fer *iron*
une ferme *a farm*
fermé *closed*
fermer *to close, to shut*
un festival *a festival*
fêter *to celebrate*
une feuille *a leaf*
les feux *the traffic lights*
une fille *a girl*
un film *a film*
la fin *the end*
finir *to finish*
le flamenco *flamenco dancing*
une fleur *a flower*
un fleuve *a river flowing into the sea*
une fois par semaine *once a week*
le foot(ball) *football*
un footballeur *a football player*
le footing *jogging*
la forêt *the forest*
la forme *fitness*
fort(e) *strong, hard*
une ville fortifiée *a walled town*
des fortifications *city walls*
une fourchette *a fork*
frais/fraîche *fresh*
une fraise *a strawberry*
français(e) *French*
la France *France*

cent cinquante et un 151

Vocabulaire

la Francophonie *French speaking countries*
mon frère *my brother*
le frigo *the fridge*
les frites (fpl) *chips*
froid(e) *cold*
j'ai froid *I'm cold*
le fromage *cheese*
la frontière *the border*
un fruit *fruit*
fumer *to smoke*
une fusée *a rocket*
futuriste *futuristic*
le Futuroscope *theme park near Poitiers*

G

gagner *to earn*
le pays de Galles *Wales*
un garage *a garage*
un garçon *a boy*
garder la forme *to keep fit*
la gare *the station*
la gare routière *the bus station*
un gâteau *a cake*
à gauche *on the left*
il gèle *it's freezing*
génial! *brilliant!*
un genre de *a kind of*
gentil(le) *kind, nice*
un gilet *a cardigan*
une girafe *a giraffe*
le goûter *afternoon snack*
un graphique *a graph*
un(e) graphiste *a graphic designer*
grand(e) *big, tall*
ma grand-mère *my grandmother*
les grands-parents (mpl) *grandparents*
mon grand-père *my grandfather*
gras(se) *greasy*
grièvement blessé *seriously injured*
une grève *a strike*
des grillades (fpl) *barbecued meat*
grimper *to climb*
gris(e) *grey*
il fait gris *it's overcast*
gros(se) *big, fat*
un groupe *a band*
la guerre *war*
la guitare *the guitar*
la gymnastique *gymnastics*

H

s' habiller *to get dressed*
un(e) habitant(e) *inhabitant*
j' habite à *I live in*
où habites-tu? *where do you live?*
habiter *to live*
le hall *the hall*
haut(e) *high*
la hauteur *height*
à haute voix *out loud*
une heure *an hour*
les heures d'ouverture (fpl) *opening times*
l' Hexagone (m) *metropolitan France*
hier *yesterday*
une histoire *a story*
historique *historical*
l' hiver (m) *winter*
le hockey sur glace *ice hockey*
un hôpital *hospital*
hospitalisé *hospitalised*
un hôtel *a hotel*
un hôtelier *the owner of a hotel*
la houle *sea swell*
un hypermarché *a hypermarket*

I

ici *here*
une île *an island*
il(s) *he/they*
illuminer *to light up*
il y a *there is/are*
un immeuble *a building*
immobilisé(e) *brought to a standstill*
important(e) *important*
imprimer *to print*
l' industrie principale (f) *the main industry*
industriel(le) *industrial*
un(e) infirmier/ère *a nurse*
un(e) informaticien(ne) *a computer programmer*
l' informatique (f) *IT*
une inondation *a flood*
un(e) instituteur/rice *primary school teacher*
une musique instrumentale *instrumental music*
intelligent(e) *clever*
interactif/ve *interactive*
intéressant(e) *interesting*
s' intéresser à *to be interested in*
(l') Internet (m) *the Internet*
une interview *an interview*
l' Irlande (f) *Ireland*
Israël (m) *Israel*
l' Italie (f) *Italy*
italien(ne) *Italian*

J

Jacques a dit… *Simon says…*
ne… jamais *never*
une jambe *leg*
le jambon *ham*
le Japon *Japan*
le jardin *garden*
jaune *yellow*
en jean *denim*
un jean *jeans*
je/j' *I*
en jersey *jersey*
se jeter dans *to flow into (river)*
un jeu *a game*
un jeu vidéo *a video game*
jeudi *Thursday*
jeune *young*
un job *a Saturday job*
le jogging *jogging*
joli(e) *pretty*
j'ai joué *I played*
jouer à *to play*
jouer du/de la *to play (+ instrument)*
un jour *a day*
tous les jours *everyday*
le journal *newspaper*
une journée *a whole day*
toute la journée *all day long*
le judo *judo*
une jupe *a skirt*
un jus d'orange *orange juice*
jusqu'à *until*
juste *just*
ce n'est pas juste *it's not fair*

K

le kayak *kayaking*
un kilomètre *a kilometre*
un kit-kat *a Kit-Kat*

L

l' *the (before a vowel or a silent 'h')*
la *the (f)*
là *there*
un lac *a lake*
laisser *to leave, to let*
le lait *milk*
une lampe *a lamp*
la langue officielle *the official language*
lancer *to launch (rocket)*
25 km de large *25 km wide*
de la lave *lava*
le lave-vaisselle *the dishwasher*
se laver *to get washed*
le *the (m)*
un légume *a vegetable*
les *the (pl)*
leur(s) *their, them*
je me lève *I get up*
se lever *to get up*
levez-vous! *stand up (vous command)*
la librairie *the bookshop*
libre *free*
le lieu de naissance *birth place*
le linge *linen, washing*
un lion *a lion*
lire *to read*
lisez *read (vous command)*
un lit *a bed*
faire le lit *to make the bed*
un litre *a litre*
le littoral *the shore*

cent cinquante-deux

Vocabulaire

un livre *a book*
une livre sterling *a pound*
c'est loin (d'ici)? *how far is it (from here)?*
la Loire *the Loire river*
les loisirs *leisure (activities)*
Londres *London*
long(ue) *long*
50 km de long *50 km long*
lui *him, her*
lundi *Monday*
je porte des lunettes *I wear glasses*

M

ma *my (f)*
un maçon *a builder*
un magasin *a shop*
un grand magasin *a department store*
un magazine *a magazine*
un maillot (de bain) *a swimsuit/trunks*
une main *a hand*
mais *but*
la maison *the house*
à la maison *at home*
avoir mal à … *to have a… ache*
j'ai mal à … *I have a…ache*
malade *ill*
maman *Mum(my)*
la Manche *the Channel*
un manège *a ride*
j'ai mangé *I ate*
manger *to eat*
une manifestation *a demonstration*
manifester *to demonstrate*
maori(e) *Maori*
mardi *Tuesday*
un marchand de chaussures *a shoe shop*
marcher *to walk*
marquer un but *to score a goal*
marrant(e) *funny*
marron *brown*
du mascara *mascara*
le Massif central *the Massif Central (mountains in Central France)*
un match *a match, a game*
les maths (fpl) *maths*
le matin *morning*
faire la grasse matinée *to have a lie-in*
mauvais(e) *bad*
me *me, myself*
un(e) mécanicien(ne) *a mechanic*
un médecin *a doctor*
un médicament *medecine*
une mélodie *a tune*
le/la même … que… *the same… as…*
mémé *Granny*
un menuisier *a joiner*
la mer *the sea*

la mer Méditerranée *the Mediterranean Sea*
merci *thank you*
mercredi *Wednesday*
ma mère *my mother*
une merguez *a spicy sausage*
mes *my (pl)*
la météo *the weather forecast*
un métier *a job*
je mets *I put*
mettre *to put*
mettre la table *to lay the table*
un mètre *a metre*
mesurer *to measure*
à midi *at lunchtime*
il est midi *it's noon*
le miel *honey*
au milieu de *in the middle of*
un million *a million*
avoir bonne mine *to look well*
le minigolf *crazy golf*
c'est à … minutes d'ici *it's… minutes from here*
un mixer *a food processor*
à la mode *fashionable*
moi *me*
moins de … *less…*
en ce moment *at the moment*
mon *my (m)*
le monde *the world / people*
tout le monde *everybody*
trop de monde *too many people*
un mont *a mount*
un montagnard *a mountaineer*
une montagne *a mountain*
une montgolfière *a hot-air balloon*
monter *to go up*
une montre *a watch*
montrer *to show*
un monument *a monument*
se moquer de *to laugh at*
mort(e) *dead*
un mot *a word*
une moto *a motorbike*
une mousse au chocolat *a chocolate mousse*
moyen(ne) *medium*
le Mozambique *Mozambique*
un mur *a wall*
la musculation *body building*
un musée *a museum*
musical(e) *musical*
la musique *music*

N

j'ai nagé *I swam*
nager *to swim*
la natation *swimming*
la nationalité *nationality*
un naufrage *a shipwreck*
un navigateur *a single-handed sailor*
naviguer *to sail*

il neige *it's snowing*
la neige *snow*
né(e) *born*
je suis né(e) *I was born*
ne …pas *not*
un néon *a neon light*
le nez *the nose*
ni … *nor…*
n'importe où *anywhere*
Noël *Christmas*
noir(e) *black*
une noix *a nut*
une noix de coco *a coconut*
un nom *name*
un nombre *a number*
non *no*
le nord *the north*
normalement *usually*
la Normandie *Normandy*
nos *our (pl)*
une note *a grade*
notre *our (sing.)*
nous *we*
nouveau/elle *new*
à nouveau *once again*
une nouvelle *news*
un nuage *a cloud*
la nuit *the night*
nul(le) *rubbish, poor*

O

s' occuper de *to take care of*
l' océan Atlantique (m) *the Atlantic Ocean*
l' océan Indien (m) *the Indian Ocean*
l' océan Pacifique (m) *the Pacific Ocean*
un œil *an eye*
un œuf *an egg*
un oiseau *a bird*
on *one, we*
mon oncle *my uncle*
un orage *a storm*
un Orangina *a fizzy orange drink*
un ordinateur *a computer*
une oreille *an ear*
original(e) *original*
d' origine … (f) *of …origin*
ou *or*
où (est-ce que)? *where?*
j'ai oublié *I forgot*
l' ouest (m) *west*
oui *yes*
ouvert *open*
un ouvre-boîte *a tin-opener*
ouvrir *to open*

P

pagayer *to paddle*
une page *a page*
le pain *bread*
un pantalon *trousers*
papi *Grandad*
un paquet de chips *a packet of crisps*
par *by, per*
le parapente *paragliding*

cent cinquante-trois 153

Vocabulaire

un parapluie *an umbrella*
un parc *a park*
un parc d'attractions *a theme park*
le parc de loisirs *leisure park*
parce que *because*
un parcours *a route*
pardon *excuse me*
mes parents (mpl) *my parents*
paresseux/se *lazy*
un parking *a car park*
parler (à) *to talk, to speak (to)*
parler créole *to speak creole*
les paroles (fpl) *lyrics*
partager avec *to share with*
la participation *participation*
partir *to leave*
partout *everywhere*
pas mal *not bad*
passe-moi … *hand me… (tu command)*
passer l'aspirateur *to hoover*
passer les vacances à … *to spend the holidays in …*
passer du temps à … *to spend time…*
se passionner pour *to have a passion for*
des pâtes (fpl) *pasta*
une patte *a paw*
un pays *a country*
le pays de Galles *Wales*
la pêche *fishing, a peach*
une pellicule *a film*
se pencher *to bend down*
pendant *during, while*
penser *to think*
qu'en penses-tu? *what do you think?*
perdre *to lose*
perdu *lost*
mon père *my father*
une perle *a pearl*
permettre de *to allow*
une personnalité *a famous person*
une personne *a person*
pétarader *to backfire*
petit(e) *small*
un petit copain *a boyfriend*
une petite copine *a girlfriend*
un peu *a little*
très peu *very little*
à peu près *approximately*
avoir peur *to be afraid*
on peut *one can*
je peux *I can*
est-ce que je peux …? *may I?*
la pharmacie *the chemist's*
un phoque *a seal*
une photo *a photograph*
chez le photographe *at the photography shop*
un piano *a piano*
une pièce *a room*
à pied *by foot*
le pied *foot*
une pile *a battery*
un pilote automatique *autopilot*
le ping-pong *table tennis*
un pique-nique *a picnic*
pique-niquer *to have a picnic*
un pirate *a pirate*
la piscine *swimming pool*
une piscine à vagues *a fun pool*
pittoresque *picturesque*
une pizza *a pizza*
une pizzeria *a pizzeria*
le placard *the cupboard*
une place *a square, a place*
s'il vous plaît *please*
la plage *the beach*
un plan *a map*
la planche à voile *windsurfing*
une planète *a planet*
une plante *a plant*
le plat préféré *favourite dish*
plein de *lots of/full of*
en plein air *in the open air*
il pleut *it's raining*
pleuvoir *to rain*
plier *to bend*
la plongée *diving*
la pluie *the rain*
la plupart de … *most of …*
plus (que) *more (than)*
le/la plus … *the most …*
ne … plus *no longer*
un pneu *a tyre*
un poème *a poem*
un poisson *a fish*
le poivre *pepper*
la police *the police*
un polo *a polo shirt*
pollué(e) *polluted*
la pollution *pollution*
la Polynésie française *French Polynesia*
une pomme *an apple*
une pomme de terre *a potato*
un pommier *an apple tree*
un pont *a bridge*
traverser le pont *to go over the bridge*
un (téléphone) portable *a mobile phone*
un port de commerce *commercial port*
une porte *a door*
porter *to wear*
une portion *a portion*
un portrait *a profile*
le Portugal *Portugal*
poser une question *to ask a question*
la poste *the post office*
la poubelle *the bin*
un poulet *a chicken*
pour *for, in order to*
pour aller à …? *how do I get to …?*
pourquoi? *why?*
je préfère *I prefer*
préféré(e) *favourite*
(le/la) premier/ière *(the) first*
prendre *to take*
prendre le petit déjeuner *to have breakfast*
(vous) prenez la deuxième à gauche *(you) take the second street on the left*
préparer *to prepare*
près de … *near …*
près de 450 *about 450*
présider *to preside*
une prévision *forecast*
un problème *a problem*
le/la prochain(e) *the next*
les produits laitiers (mpl) *dairy products*
le produit principal *the main product*
un prof(esseur) *a teacher*
une profession *an occupation*
un programme *programme*
faire une promenade *to go for a walk*
promener le chien *to take the dog for a walk*
se protéger *to protect oneself*
une pub(licité) *an advert*
puis *then*
un pull *a jumper*
un puzzle *a puzzle*
les Pyrénées (fpl) *the Pyrenees*

Q

un quads *a quad bike*
quand? *when?*
un quartier *a district, neighbourhood*
que …? *what …?*
le Québec *Quebec*
québequois(e) *from Quebec*
quel(le) *which, what?*
il a quel âge? *how old is he?*
à quelle heure? *at what time?*
quelque chose *something*
quelquefois *sometimes*
quelqu'un *someone*
qu'est-ce que …? *what …?*
qu'est-ce que c'est? *what is it?*
une queue *a tail*
qui(?) *who(?)*
qui *which*
quoi? *what?*

Vocabulaire

R
- le racisme *racism*
- le racket *bullying (by demanding money)*
- raconter *to tell*
- un radeau *a dinghy*
- la radio *the radio*
- une rafale *a gust*
- ramasser *to pick up*
- une randonnée *a hike*
- ranger (ses affaires) *to tidy up*
- recommander *to recommend*
- une reconstitution *a reconstruction*
- la récré(ation) *break*
- regarder *to look, to watch*
- faire un régime *to go on a diet*
- une région *a region*
- une règle *a rule*
- un rempart *city wall*
- rencontrer *to meet*
- avoir rendez-vous *to have arranged to meet someone*
- rentrer de *to come back from*
- renverser *to knock (someone) over*
- réparti en *divided into*
- répéter *to repeat*
- replanter *to replant*
- un reportage *a report*
- se reposer *to rest*
- un requin *a shark*
- une réserve *a reserve*
- la respiration *breathing*
- respirer *to breathe*
- se ressembler *to be like*
- un restaurant *a restaurant*
- un restaurateur *a restaurant owner*
- il me reste … *I have… left*
- rester *to stay*
- un résumé *a summary*
- retrouver des copains *to meet up with some friends*
- la Réunion *Reunion Island*
- un(e) réunionnais(e) *inhabitant of Reunion Island*
- un réveil *an alarm clock*
- (se) réveiller *to wake (someone) up*
- revenir *to come back*
- au revoir *goodbye*
- une revue *a magazine*
- le rez-de-chaussée *the ground floor*
- ne rien *nothing*
- rire *to laugh*
- risquer de *to risk*
- le riz *rice*
- le rock *rock music*
- le roller *roller blading*
- rouge *red*
- du rouge à lèvres *lipstick*
- rouler *to roll*
- en route *on the way*
- roux/sse *ginger, red*
- le Royaume-Uni *the United Kingdom*
- une rue *a street*
- la première rue à droite *the 1st street on the right*

S
- sa *his/her (f)*
- sain(e) *healthy*
- sainement *healthily*
- je ne sais pas *I don't know*
- une saison *a season*
- il sait *he knows*
- de la salade *salad*
- une salle *a room*
- la salle à manger *the dining room*
- la salle (de classe) *(class)room*
- la salle d'eau/de bains *bathroom*
- une salle de jeux *a games room*
- le salon *the living room*
- samedi *Saturday*
- des sandales (fpl) *sandals*
- un sandwich *a sandwich*
- la santé *health*
- un satellite *a satellite*
- une sauce bolognaise *Bolognese sauce*
- une saucisse *a sausage*
- sauf *except*
- le saut à la corde *skipping rope*
- sauter *to skip*
- savoir *to know*
- un saxo(phone) *a sax(ophone)*
- la science-fiction *science fiction*
- se *him/her, him/herself*
- sec/sèche *dry*
- le secondaire *secondary education*
- la Seine *the Seine river*
- un séjour *a stay*
- le sel *salt*
- une semaine *a week*
- par semaine *per week*
- je serai *I will be*
- sérieux/se *serious*
- un serpent *a snake*
- une serviette *a towel, a serviette*
- servir à *to serve, to be for*
- ses *his/her (pl)*
- seul *alone*
- du shampooing *shampoo*
- faire du shopping *to go shopping*
- un short *shorts*
- le XIXᵉ siècle *the 19th century*
- un signe astrologique *a star sign*
- un singe *a monkey*
- un site internet *a web site*
- un site touristique *a tourist attraction*
- situé *situated*
- le skate(board) *skateboarding*
- un(e) skieur/se *a skier*
- le snack *snack bar*
- le snowboard *snowboarding*
- ma sœur *my sister*
- le soleil *the sun*
- en solitaire *single-handedly*
- en solo *solo*
- en soie *(made of) silk*
- j'ai soif *I'm thirsty*
- le soir *(in the) evening*
- ce soir *tonight*
- la soirée *evening (time)*
- le sommet *the summit*
- son *his/her (m)*
- ce sont *they/these are*
- une sorte de *a kind of*
- sortir (avec) *to go out (with)*
- sortir la poubelle *to take the rubbish out*
- une soucoupe *a saucer*
- souffler *to blow*
- souriez! *smile! (vous command)*
- sourire *to smile*
- sous *under*
- le sous-sol *the basement*
- souvent *often*
- les spaghettis (mpl) *spaghetti*
- le sport *sport*
- sportif/ve *athletic*
- un(e) sportif/ve *an athlete*
- un stage *a course*
- une star *a movie star*
- stationner *to park*
- le steak-frites *steak with chips*
- le stretching *stretching*
- strict(e) *strict*
- une strophe *a verse*
- un studio *a studio*
- stupide *stupid*
- un style *a style*
- le sucre (de canne) *sugar (cane)*
- des sucreries (fpl) *sweet things*
- le sud *south*
- il suffit de *you only need to*
- je suis *I am*
- la Suisse *Switzerland*
- super *super, great*
- un supermarché *a supermarket*
- sur *on (top of)*
- le surf *surfing*
- surfer (sur le net) *to surf (the net)*
- surtout *especially*
- la survie *survival*
- un sweat *a sweatshirt*
- sympa *nice*

cent cinquante-cinq 155

Vocabulaire

T

- ta *your (f)*
- la table *the table*
- une tablette de chocolat *a chocolate bar*
- les tâches (fpl) *chores*
- un(e) Tahitien(ne) *a Tahitian*
- le taï-chi *t'ai chi*
- la taille *waist*
- de taille moyenne *medium-built*
- taisez-vous! *be quiet! (vous command)*
- ma tante *my aunt*
- taper *to hit*
- tard *late*
- une tartine *slice of bread with butter and jam*
- une tasse *a cup*
- te *you, yourself*
- un tee-shirt *a T-shirt*
- le téléphone *telephone*
- la télé(vision) *television*
- le temps *time, weather*
- quel temps fait-il? *what's the weather like?*
- de temps en temps *from time to time*
- tout le temps *all the time*
- tendre *to stretch*
- tenez-vous droit *stand up straight (vous command)*
- le tennis *tennis*
- des tennis (fpl) *tennis shoes*
- un terrain de sport *a sports field*
- une terrasse *a terrace*
- la Terre *the Earth*
- tes *your (pl)*
- la tête *the head*
- têtu(e) *stubborn*
- un texte *a text*
- le théâtre *drama*
- un timbre *a stamp*
- timide *shy*
- un tiroir *a drawer*
- un toast *a round of toast*
- un toboggan *a slide*
- et toi? *what about you?*
- tomber *to fall*
- ton *your (m)*
- tôt *early*
- touché par *affected by*
- toucher *to touch*
- toujours *always, still*
- un tour *a tour*
- une tour *a tower*
- faire un tour de *to go round*
- le tourisme *tourism*
- touristique *tourist*
- tourner *to turn*
- tout *everything*
- une trace *a trace*
- un train *a train*
- traîner *to hang out*
- un transistor *a transistor*
- travailler *to work*
- traverser *to cross*
- très *very*
- troisième *third*
- trop *too*
- trop de *too much/many*
- tropical(e) *tropical*
- une trousse *a pencil case*
- trouver *to find*
- ça se trouve où? *where is it situated?*
- qui se trouve *(which is) situated*
- un truc *a thing*
- ce n'est pas mon truc *it's not my thing*
- tu *you*

U

- un(e) *a, an, one*
- la une *the front page*
- une usine *a factory*
- utiliser *to use*

V

- le rouge me va bien *red suits me*
- en vacances *on holiday*
- une vache *a cow*
- une vague *a wave*
- je vais *I go, I'm going*
- la vaisselle *the washing-up, the pots*
- une vallée *a valley*
- la vanille *vanilla*
- tu vas *you go, you are going*
- il va y avoir *there will be*
- un vélo *a bike*
- vendredi *Friday*
- venir *to come*
- le vent *the wind*
- une véranda *a veranda*
- un verre *a glass*
- vers 11 heures *around 11*
- verser *to pour*
- vert(e) *green*
- vertigineux/se *breathtaking*
- un vêtement *an item of clothing*
- ça veut dire *it means*
- je veux *I want*
- de la viande *meat*
- une vidéo *a video*
- vider le lave-vaisselle *to empty the dishwasher*
- la vie *life*
- il vient (de) *he comes (from)*
- vieux/vieille *old*
- les Vikings (mpl) *the Vikings*
- un village *a village*
- une ville *a town*
- en ville *in/to town*
- le vin *wine*
- un violon *a violin*
- un(e) violoniste *a violin player*
- une visite *a visit*
- une visite guidée *a guided tour*
- visiter *to visit*
- une vitamine *a vitamin*
- voici *here is/are*
- voilà *there you are*
- voir *to see*
- une voiture *a car*
- un volcan *a volcano*
- volcanique *volcanic*
- le volley(-ball) *volleyball*
- vos *your (pl)*
- votre *your (sing)*
- je voudrais *I would like*
- vouloir *to want*
- il a voulu *he wanted*
- vous *you*
- vouvoyer *to use vous when speaking to someone*
- un voyage *a trip, a journey*
- vrai(e) *true, real*
- le VTT *mountain bike*
- j'ai vu *I saw*
- la vue *the view*

W

- le web *the world wide web*
- le week-end *(at) the weekend*

X

- le xylophone *the xylophone*

Y

- y *there*
- un yacht *a yacht*
- un yaourt *a yogurt*
- les yeux (mpl) *eyes*
- le yoga *yoga*

Z

- un zigzag *a zigzag*
- zigzaguer *to zigzag*

Vocabulaire anglais–français

A
aerobics *l'aérobic (f)*
afternoon *l'après-midi (m)*
I've always lived here *j'habite ici depuis toujours*
I am *je suis*
apple *une pomme*
arm *le bras*
to ask a question *poser une question*
at my house *chez moi*
at what time? *à quelle heure?*
I ate *j'ai mangé*
an athlete *un sportif, une sportive*
my aunt *ma tante*

B
to babysit *faire du babysitting*
bank *la banque*
to be *être*
to be able to *pouvoir*
because *parce que*
bed *le lit*
bedroom *la chambre*
Belgium *la Belgique*
big *grand(e)*
by bike *en vélo*
black *noir(e)*
blue *bleu(e)*
blouse *un chemisier*
boring *ennuyeux/euse*
I was born in … *je suis né(e) à …*
to borrow *emprunter*
I bought *j'ai acheté*
boy *le garçon*
bread *le pain*
breakfast *le petit déjeuner*
brilliant! *génial!*
my brother *mon frère*
brown *marron*
bus stop *l'arrêt de bus (m)*
butter *le beurre*
to buy *acheter*
I buy *j'achète*

C
campsite *le camping*
I can *je peux*
car *une voiture*
carrot *une carotte*
castle *un château*
cereal *les céréales (fpl)*
charming *charmant(e)*
I chatted *j'ai bavardé*
I chatted up *j'ai dragué*
chatty *bavard(e)*
cheese *le fromage*
chicken *le poulet*
chips *les frites (fpl)*
to clear the table *débarrasser la table*
clever *intelligent(e)*
climbing *l'escalade (f)*
clothes *les vêtements (mpl)*
it's cloudy *il y a des nuages*
coffee *le café*
I'm cold *j'ai froid*
it's cold *il fait froid*
colour *une couleur*
this colour suits me *cette couleur me va bien*
computer *l'ordinateur (m)*
my cousin *ma cousine (f), mon cousin (m)*
crisps *les chips (fpl)*
to cycle *faire du vélo*

D
dairy product *un produit laitier*
dance *la danse*
dear *cher/chère*
demonstration *une manifestation*
dining room *la salle à manger*
dishwasher *un lave-vaisselle*
to do *faire*
to do the washing-up *faire la vaisselle*
doctor *un médecin*
I don't eat enough… *je ne mange pas assez de…*
I don't do anything *je ne fais rien*
downstairs *en bas*
I drank *j'ai bu*
dress *une robe*
to drink *boire*

E
to earn *gagner*
to eat *manger*
I eat too much … *je mange trop de…*
to empty *vider*
England *l'Angleterre (f)*
to enter *entrer*
eruption *une éruption*
evening *le soir*
everyday *tous les jours*

F
farmer *un(e) agriculteur/trice*
fashion *la mode*
my father *mon père*
favourite *préféré(e)*
my favourite colour *ma couleur préférée*
first floor *au premier étage*
fishing *la pêche*
fizzy *gaseux/euse*
flat *un appartement*
it's foggy *il y a du brouillard*
foot *le pied*
for *pour*
fork *une fourchette*
French *français(e)*
Friday *vendredi*
friend *un copain (m), une copine (f)*
funny *marrant(e)*

G
garden *le jardin*
Germany *l'Allemagne (f)*
I get up *je me lève*
to get up *se lever*
glass *un verre*
I go *je vais*
to go *aller*
I go out *je sors*
to go out *sortir*
I go to bed *je me couche*
to go to bed *se coucher*
good *bon(ne)*
good-looking *beau/belle*
my grandfather *mon grand-père*
my grandmother *ma grand-mère*
my grandparents *mes grands-parents (mpl)*
green *vert(e)*
grey *gris(e)*
ground floor *au rez-de-chaussée*
gymnastics *la gymnastique*

H
hair *les cheveux (mpl)*
hairdresser *un(e) coiffeur/euse*
ham *le jambon*
I hate *je déteste*
I have *j'ai*
to have *avoir*
to have fun *s'amuser*
he *il*
health *la santé*
her *son (m), sa (f), ses (pl)*
his *son (m), sa (f), ses (pl)*
historical *historique*
holidays *les vacances (fpl)*

cent cinquante-sept 157

Vocabulaire

to hoover *passer l'aspirateur (m)*
horse-riding *l'équitation (f)*
I'm hot *j'ai chaud*
it's hot *il fait chaud*
house *une maison*
how do I get to …? *pour aller à…?*
how far is it? *c'est loin?*
how much is it? *ça coûte combien?*
I'm hungry *j'ai faim*

I
I *j'/je*
industrial *industriel(le)*
interesting *intéressant*
Ireland *l'Irlande (f)*
is *est*
Italy *l'Italie (f)*

J
jealous *jaloux/se*
jeans *un jean*
to jog *faire du jogging*
joiner *un menuisier*
journey *un voyage*
jumper *un pull*

K
to keep fit *garder la forme*
kind *gentil(le)*
kitchen *la cuisine*
knife *un couteau*
I don't know *je ne sais pas*

L
last *dernier/ère*
lazy *paresseux/euse*
to lay the table *mettre la table*
on the left *à gauche*
less *moins (de)*
(traffic) lights *les feux (mpl)*
I like *j'aime*
to listen to *écouter*
I live in… *j'habite à…*
to live *habiter*
living room *le salon*
I love *j'adore, j'aime*
lunch *le déjeuner*

M
to make the bed *faire le lit*
market place *la place du marché*
me *moi*
mechanic *un(e) mécanicien(ne)*
to meet up with *retrouver*
milk *le lait*
Monday *lundi*
money *l'argent (m)*
more *plus (de)*
morning *le matin*

my mother *ma mère*
motorway *une autoroute*
museum *un musée*
I must *je dois*
my *mon (m), ma (f), mes (pl)*

N
I need *j'ai besoin de…*
you need to … *il faut …*
new *nouveau/nouvelle*
next to *à côté de*
nurse *un(e) infirmier/ière*

O
office *un bureau*
often *souvent*
old *vieux/vieille*
once a week *une fois par semaine*
opposite *en face de*
our *notre (sing), nos (pl)*

P
pasta *les pâtes (fpl)*
peach *la pêche*
my penfriend *mon/ma corres(pondant(e))*
pink *rose*
plate *une assiette*
please *s'il vous plaît*
pocket money *l'argent de poche (m)*
pollution *la pollution*
port *un port*
post office *la poste*
I prefer *je préfère*

R
railway *le chemin de fer*
it's raining *il pleut*
red *rouge*
red hair *les cheveux roux (mpl)*
it's relaxing *ça détend*
to rest *se reposer*
rice *le riz*
on the right *à droite*

S
sandals *des sandales (fpl)*
Saturday *samedi*
to save money *mettre de l'argent de côté*
scatty *farfelu(e)*
Scotland *l'Écosse (f)*
seaside *au bord de la mer*
secretary *un(e) secrétaire*
selfish *égoïste*
serious *sérieux/se*
shampoo *du shampooing*
she *elle*
shirt *une chemise*
shoes *des chaussures (fpl)*
shop *le magasin*
shorts *un short*

shy *timide*
since *depuis*
my sister *ma sœur*
size *la taille*
skirt *une jupe*
small *petit(e)*
to smoke *fumer*
it's snowing *il neige*
socks *des chaussettes (fpl)*
sometimes *quelquefois*
Spain *l'Espagne (f)*
to spend (money) *dépenser (de l'argent)*
to spend (time) *passer (du temps)*
(tea)spoon *une (petite) cuillère*
station *la gare*
to stay at home *rester à la maison*
it's stormy *il y a des nuages (mpl)*
straight on *tout droit*
street *la rue*
strike *une grève*
student *un(e) étudiant(e)*
stupid *bête*
Sunday *dimanche*
it's sunny *il y a du soleil*
supermarket *le supermarché*
to surf the (Inter)net *surfer sur l'internet*
survival *la survie*
sweatshirt *un sweat*
sweets *les bonbons (mpl)*
to swim *nager*
swimming *la natation*
swimming costume *un maillot de bain*
swimming pool *une piscine*
Switzerland *la Suisse*

T
table tennis *le ping-pong*
to take *prendre*
teacher *un prof(esseur)*
tennis shoes *des tennis (fpl)*
thank you *merci*
their *leur(s)*
theme park *un parc d'attractions*
there is/are *il y a*
there isn't/aren't *il n'y a pas de*
I'm thirsty *j'ai soif*
Thursday *jeudi*
to tidy up *ranger les affaires (fpl)*
from time to time *de temps en temps*
I'm tired *je suis fatigué(e)*
today *aujourd'hui*
tomorrow *demain*

cent cinquante-huit

too much/many *trop de*
towel *une serviette*
town *une ville*
trainers *des baskets (fpl)*
trousers *un pantalon*
T-shirt *un tee-shirt*
Tuesday *mardi*
twice a week *deux fois par semaine*

U
unemployed *au chômage*
upstairs *en haut*

V
vegetable *un légume*
village *un village*
volleyball *le volley-ball*

W
Wales *le pays de Galles*
to watch *regarder*
I watched *j'ai regardé*
water *l'eau (f)*
warning *une alerte*
we *nous*
I'm wearing *je porte*
weather *le temps, la météo*
Wednesday *mercredi*
I went *je suis allé(e)*
when? *quand?*
why? *pourquoi?*
it's windy *il y a du vent*
with *avec*
I would like *je voudrais*

Y
yellow *jaune*
yesterday *hier*
a yoghurt *un yaourt*

Les instructions

À deux.	In pairs.
À tour de rôle.	Take turns.
Attention à la prononciation.	Take care with the pronunciation.
Choisis l'image qui correspond.	Choose the picture which matches.
Choisis un thème et prépare ton site web.	Choose a subject and make your own website.
Copie et complète la grille.	Copy and fill in the grid.
Décris …	Describe …
Discutez.	Discuss.
Écoute et lis.	Listen and read.
Écoute et note.	Listen and make notes.
Écoute et répète.	Listen and repeat.
Écoute et vérifie.	Listen and check.
Écris des directions.	Write down the directions.
Écris les résultats de l'interview.	Write down the answers from the interview.
Écris un e-mail à envoyer à …	Write an e-mail to send to …
Écris un résumé.	Write a summary.
Enregistre ton texte.	Record your text.
Explique à ton corres.	Explain to your penfriend.
Fais la liste.	Make/write a list.
Fais un graphique.	Draw a graph.
Fais un résumé.	Write a summary.
Fais un site web.	Design a website.
Faites une interview.	Interview one another.
Jeu de rôle.	Role-play.
Interview ton/ta partenaire.	Interview your partner.
Lis et réponds aux questions.	Read and answer the questions.
Lis et trouve dans le texte:	Read and find in the text:
Lis et trouve la bonne personne.	Read and find the right person.
Lis les bulles.	Read the speech bubbles.
Pose les questions et donne les réponses.	Ask the questions and give your answers.
Qui parle?	Who is speaking?
Remplis les blancs.	Fill in the gaps.
Trouvez le bon dessin pour chaque activité.	Find the right picture to match each activity.
Trouvez le nom de …	Find the name of …
Trouve l'image/le texte qui correspond.	Find the picture/text that matches.
Un sondage.	A class survey.
Vérifie à deux.	In pairs, check your answers.
Vérifiez vos réponses.	Check your answers.
Vrai ou faux?	True or false?